叢書・ウニベルシタス　1135

資本はすべての人間を嫌悪する

ファシズムか革命か

マウリツィオ・ラッツァラート
杉村昌昭 訳

法政大学出版局

Maurizio LAZZARATO :
"LE CAPITAL DÉTESTE TOUT LE MONDE : Fascisme ou Révolution"

First published in France by Éditions Amsterdam, 2019

This book is published in Japan by arrangement with Maurizio LAZZARATO,
through le Bereau des Copyrights Français, Tokyo.

資本はすべての人間を嫌悪する――ファシズムか革命か　目次

凡例

一　本書はMaurizio Lazzarato, *Le capital déteste tout le monde : Fascisme ou révolution*, Paris : Éditions Amsterdam, 2019 の翻訳である。

二　傍点は原書の強調イタリック。

三　『　』は原書の作品名を示すイタリック。

四　〈　〉は原書の外来語を示すイタリック。

五　「　」は原書の引用符。

六　（　）［　］は原書に準じる。

七　〔　〕は訳者による補足。

八　原注は行間に番号（1、2、3……）を付して側注とした。

序論——黙示録の時代

限界を考えることなしには、いかなる戦略もない。したがっていかなる戦術も、いかなる行動も、いかなる思想も、いかなる真の発議も、いかなるエクリチュールも、いかなる音楽も、いかなる絵画も、いかなる彫刻も、いかなる映画も存在しえない。

ルイ・アルチュセール

われわれは文字通り「黙示録」の時代を生きている。われわれはすでにそれを目の当たりにしている。まず明らかになったのは、二〇〇八年の金融崩壊が政治的激変の時代を拓いたということである。「ファシズムか革命か」という二者択一は非対称であり不均衡である。なぜなら、われわれはすでに、好むと好まざるにかかわらず、ネオファシスト、セクシスト、レイシストによって引き起こされた政治的激変以後の時代に身を置いているからである。一方で、革命による激変はいまのところたんなる仮説にすぎない。その仮説は、新自由主義が資本主義とたたかう諸勢力の記憶と理論と行動から消し去るのに成功したものを再び導入しようとしている。この記憶の抹殺は新自由主義のもっとも重要な成果と言えるだろう。

黙示録の時代はまた、新たなファシズムが新自由主義のもうひとつの顔であるということを見させてくれる。ウェンディ・ブラウンは次のような逆説を確言する。「初期の新自由主義者から見ると、トランプや〝ブレグジット〟、オルバン、ドイツにおける国会のネオナチ、イタリアの国会のネオファシストなどの登場は、新自由主義の悪夢的転換である。ハイエクやオルド自由主義者、あるいはシカゴ学派ですら、新自由主義の現在の形態、とくにその最新の様相を拒絶するだろう[1]」。しかし、これは事実として誤りであるばかりか、資本とその権力の理解

(1) Wendy Brown, « Le néolibéralisme sape la démocratie », *AOC*, 5 janvier 2019.

という観点からも問題である。ラテンアメリカの暴虐な独裁体制に体現されている新自由主義の「根源にある暴力」を消し去るなら、二重の政治的・理論的誤りを犯すことになるだろう。つまり、ピノチェトのチリで最初に実験された、経済や制度や法や統治を「維持するための暴力」だけを問題にすることになり、そうなると、資本は近代化の動因として、そしてイノベーションの力としてのみ捉えられることになってしまう。そして他方で、じつは資本の世界的応答としての「グローバリゼーション」の起源であり動機でもある世界革命とその敗北もまた消し去られてしまうことになる。

そして、そこから派生する権力の概念は暴力的なものではなくなる。つまり権力とは行動の統治（フーコー）であり、生身の人間に対する行為（その最も突き詰めた表現が戦争であり内戦である）ではない、ということになる。こうして権力はソフトな暴力を自動的に行使する非人称的装置のなかに組み込まれる。しかし新自由主義の基盤にある内戦の論理は、これとは反対に、経済や法、あるいは民主主義の機能によって置き換えられたり、消し去られたり、解消されたりするものではない。

黙示録の時代は、新たなファシズムによって暴力と制度の関係、戦争と「統治」の関係が復活しつつあること——資本主義や私有を脅かすような共産主義はいっさい存在しないにもかかわらず——をわれわれに見させてくれる。われわれは法治国家と例外状態が混じり合って区別がつかなくなった時代を生きているのである。ネオファシズムのヘゲモニーは単にその組織の力によるだけでなく、ネオファシズムが国家や政治的・メディア的システムに与える影響力にもよる。

黙示録の時代は、表向きは民主主義でありながら、経済的・社会的・制度的な「イノベーション」の背後に、つねに階級的憎悪や対立的暴力があることを明らかにする。「黄色いベスト」運動の激発はそのひとつの現れである。この運動は革命的でもなければ前‐革命的ですらない。したがって、「ヴェルサイユ精神」が覚醒したり〔パリコミューンを粉砕したヴェルサイユ政府軍の反革命的国防精神を示唆〕、「下層階級の蛆虫」を銃撃する〔一九四八年の「六月蜂起」を示唆〕という欲望が再燃するという状態には至っていない。この運動は権力や私有を象徴的に脅かすにとどまっている。資本の動きに中断が生じると、ブルジョワ論説記者ですら何が起きているかをそれなりに把握することができるようになる。「国が憎しみに満たされると、長いあいだぼやけていた階級やカーストの境界線が復活する〔…〕。そして、この憎悪の酸は民主主義を蝕み、突然社会を政治的に解体し、不安定化し、脆弱化し、予測不可能な状態に打ち沈める。太古の昔からの憎しみが二十一世紀のよろめき歩くフランスに突然出現したのである。近代性の下に隠されていた憎しみが[2]」。

黙示録の時代はまた、二〇〇一年から始まった資本の絶対的な力に異議申し立てする政治運動の力と弱点をも明示する。本書は黄色いベストの蜂起のあいだに書き終えられた。こうした運動（さらにはアラブの春や、アメリカのウォールストリート・オキュパイ運動、スペインのM15運動〔二〇一一年五月一五日、総選挙直前に約五万人の若者がマドリッドの広場を占拠した先駆的運動〕、ブラジルの二〇一三年六月の抗議運動〔交通機関の運賃値上げに端を発し百万人以上を動員したデモ運動〕など）を「世界革命」という観点から読み解こうとすることは、思い上がりであり錯乱的であるかもしれない。しかしながら「限界を考える」ということは、一九六〇年代に世界革命が被った歴史的敗北から再出発するということだけでなく、当時北側と南側で異なった様相を呈した革命――そして今なお諸運動のなかで蠢動している革命――によって創造され担われた「実現されなかった可能なこと」をも意味する。

革命的過程の形態は一九六〇年代にすでに変化していた。しかしそれは乗り越えがたい障害に直面した。すなわち、一九一七年に二十世紀の諸革命の道を切り開いたモデルとは異なったモデルをつくりだすことができないという問題である。レーニン主義モデルでは、革命はなお実現〔実現のためにものごとを遂行する〕という形態をとっていた。労働者階級は資本主義の廃絶と共産主義の確立の諸条件をもともと内包する主体であった。「即自的階級」から「対自的階級」への移行は、労働者の組合実践に欠けているものを外部からもたらす党に導かれ組織された自覚と力の獲得によって実現されるものとされていた。

ところが、一九六〇年代以降、革命的過程は「出来事」という形態をとるようになった。すなわち、政治的主体は、潜在的にすでにそこにあるのではなく、「予見不可能」であるということだ（「黄色いベスト」はこの予見不可能性の好例である）。黄色いベスト運動は歴史の必然性を体現するものではなく、ひとえに政治的対立から偶発的に出現したものである。この運動の構成、「自己認識」、計画、組織といったものは、拒否（統治されることへの）や断絶、来たるべき民主主義や正義の約束などでは満足しないラディカルな〈いまここ〉を起点としていた。

ジャック・ランシエールはお気にめさないだろうが、もちろん蜂起には「理由」と「原因」がある。黄色いベストは哲学者よりも知的である。なぜなら彼らは「生産」と「流通」の関係が逆転していることを「理解」したからだ。お金の流通、商品の流通、人間や情報の流通が「生産」よりも優先するということだ。彼らはもはや工場を占拠するのではなく、円形交差点《ロンポワン》を占拠し、情報の流通を攻撃する（ただし、お金の流通はもっと抽象的なので、これを把握するにはさらに別の組織や行動が求められるだろう）。

この場合、政治的過程の出現条件は、もちろんそれを系統的に生み出す「理由」や「原因」とは断絶している。ひとえに既成秩序の機能停止、統治からの脱却といったものだけが、新た

（2）Alain Duhamel, « Le triomphe de la haine en politique », *Libération*, 9 janvier 2019.

な政治的過程を切り開くことができるということだ。なぜなら、「統治される者」は抵抗運動をしているときでも権力の分身であり、権力に向かいあっている相関的存在だからである。支配的時間との訣別は、それまでは想像できなかった新たな可能性を生み出すことによって、自己と世界の変革条件を構成することになる。しかし暴動にはいかなる神秘主義もないし、蜂起にはいかなる理想主義もない。

政治的主体の構成過程、組織形態、闘争のための知の生産といったものが、権力の時間の停止によって可能になり、蜂起によっては消滅させられなかった利潤や私有や世襲財産の「論拠」にただちに立ち向かうことになるか、この過程がむしろ逆に、荒々しく秩序の再建を求め、警察を前面に押し出し、何事も起きなかったかのように「改革」を続行するかである。この二者択一は鮮明である。新たな政治過程が資本の「論拠」を変えるか、この同じ論拠が政治過程を変えるか、である。ここで政治的可能性が生まれると、重なり合った恐るべき現実的問題に直面する。すなわち、政治的主体の構成と資本の権力の構成という問題である。これが恐るべき問題なのは、前者は後者の内部においてしか成り立ちえないからである。

アラブの春、ウォールストリート・オキュパイ運動、ブラジルの二〇一三年六月の抗議運動などによるこの問題への応答はきわめて弱々しい。これらの運動は真の戦略を見つけられないまま続いたのである。この袋小路はスペインのポデモスの「左派ポピュリズム」によっては絶対に乗り越えることはできない。ポデモスの戦略は、六八年以降多くのマルクス主義者がマルクス主義を見限って始めた革命の清算を体現したものである。対立と主体化の場としての民主主義が資本主義と革命の代わりに登場する（ルフォール、ラクラウ、ランシエール）。しかもそれは、資本の機械が文字通り「民主主義的代表性」を飲み込んでいる時期に登場したのである。「民主主義においては権力の居場所は空っぽである」というクロード・ルフォールの言明は、一九七〇年代の初めからすでに否定されている。この場所は資本というある特殊な「主権者」によって占められているのである。その場所に腰を落ち着ける党は例外なしに「権力の代理人」としてしか機能することはできない（こうしたマルクス的「単純化」を多くの者が嘲笑したが、これはエマニュエル・マクロンというフランスの新大統領によって戯画的な仕方で完全に実現されたことである）。左派ポピュリズムはもはや存在してもいない何かに新たな命を吹き込んでいる。代表制や議会はいかなる権力も有しておらず、権力は行政当局のなかに全面的に集中し、行政当局は、新自由主義の内部において、「民衆」や一般的利益のためにではなく、資本や私有のためにことを運んでいるのである。

しかし二〇〇八年以降の運動を政治化しようとする意思は反動的になる。というのは、それは一九六〇年代の革命が拒否したもの、そしてそれ以後出現した個々の運動が拒否するものを持ち出すからである。つまり（カリスマ的）リーダー、党の「超越性」、代表制への加担、自由民主主義《リベラル》などである。左派ポピュリズムの立ち位置（ならびにラクラウとムフによるそのシステム化）は敵を名指しすることを妨げる。その用語（「カースト」、あるいは「上層の人々」や「下層の人々」といった）は陰謀論の議論に近く、結果として、金融によって世界をコントロールする「国際ユダヤ人」というような話を想起させることにもなる。左派ポピュリズムの指導者や理論家によってもたらされたこの混沌状態は運動の世界を経巡り続けている。黄色いベスト運動の場合は、メディアや政治システムが社会的断絶の性格を曖昧なままにしてこの混沌状態を維持している。五十年にわたる反革命によってつくりだされた現在の政治的砂漠のなかにおいては、どちらに向かって進んだらいいのかはっきりしないと言わねばならない。

黄色いベスト運動の限界、そして二〇一一年以降繰り広げられたすべての運動の限界は明白であるが、いかなる「外部」の力、いかなる党も、「何をなすべきか」そして「どのように」なすべきかを、かつてボリシェヴィキがしたように引き受けることができないのである。この指針は内部から、内在的にしか到来しない。この場合、内部はとりわけ別の政治的諸運動の知や経験や視点から構成されなくてはならない。というのは、たとえば黄色いベストの闘争は「労働者階級」の闘争とはちがって、全プロレタリアを代表する能力を持っていないし、また資本主義機械を構成するあらゆる支配装置への批判を表現する能力も持っていないからである。「内部で植民地化された人々」の運動——それは北側と南側の分割によって生じた「第三世界」が中心部の諸国で再生産されたことに起因する——は必然的に、内部における差別への批判と同時に、資本による国際的支配、労働力や資源の世界規模の搾取への批判をもたらすはずである。しかし黄色いベスト運動にはこれが欠けている。資本主義の「人種差別的」かつ国際的構成要素が欠けているため、この運動は「特殊フランス的」なナショナリズムの様相を呈することにもなる。しかしナショナルな空間への幻想は禁物である。国民国家は十九世紀に植民地主義的資本主義の世界支配を礎にして存在し始めたのであり、また福祉国家は世界革命ならびに冷戦時の戦略的対立のゆえに存在したということを忘れないでおこう。

「植民地化された人々」が犠牲になった人種差別的分断は、単に労働の世界的構成を分断しただけでなく、一九六〇年代の革命をも分断した。今日、世界革命の可能的条件は、ひとつには、新たに植民地化された人々（何よりも移民者）の運動が身体的に体現している新たな国際主義、そして今のところ唯一女性の運動が世界的レベルのネットワークによって動員力を持っている新たな国際主義を発動することができるか否かにかかっている。そしてもうひとつには、労働領域に限定されない資本主義ヒエラルキーに対する批判ができるか否かにかかっている。性差別的・人種差別的分断は資本の再生産だけでなく、社会的な機能や役割の配分をも構造化する。

今日、「社会問題」に依拠した運動は、十九世紀や二十世紀におけるようにそのまま社会主義的であることはできない。なぜなら（権力諸関係の総体を含んだ）世界的社会革命という発想は過去のものとなっているからである。人種差別的・性差別的分断を批判しなければ、運動は（右派や極右勢力からの）あらゆる抱き込みにさらされることになる。これまでのところ、運動はどうにかこうにかそれに対する抵抗の姿勢を保ち続けてはいるが。こうしたさまざまな支配に対する闘いを担う主体性は、左派ポピュリズムが望むような民衆という「空っぽのシニフィアン」の統合に還元されてはならない。そうしたやり方の政治的共同行動によっては資本の権力を倒すことはできない。資本の権力を世界的かつ社会的な機械──搾取と支配が「労働」だけにとどまらない機械──として捉えなかったことが、一九六〇年代の敗北の根元的原因のひとつであることを想起しなくてはならない。この観点に立てば、状況は変わっていない。つまり当時も今も、われわれは明確な戦略を持ちえていないということである。

二〇一一年以来、動員の形態（対立の空間や時間の創造的選択、組織様態におけるラディカル民主主義と柔軟性、代表制やリーダーの拒否、党による中央集権化の除去など）については「革命的」であるが、敵の定義や要求については「改良主義的」である（ムバラクを排除したが、その権力システムには手をつけなかった。同様に、マクロンに批判を集中しているが、彼は資本機械の一構成要素にすぎないことに無頓着である）。社会的断絶は権力や資産を持つ組織に顕著な変化をもたらしているのではなく、むしろ反乱者の主体性に変化をもたらしている。

そして、早晩運動が敗北しても、この主体性の変化は必ず政治的影響を生み出し続けるだろう。しかし、「社会革命」は「政治革命」なくしても――つまり資本主義の乗り越えなくしても――起こりうるという幻想に陥らないようにしなくてはならない。[3] 六八年以後に生じた事態を見れば明らかなように、社会革命が政治革命と切り離されたら、社会革命はいとも簡単に資本主義機械のなかに資本蓄積の新たな源泉として統合されることになる。反乱者の主体性の変化が切り開く「革命への過程の始まり」は「革命そのもの」と切り離されてはならない。「革命そのもの」と切り離されたら、その過程は資本の一要素になりさがり、今日のネオファシズムが体現しているような破壊と自己破壊の力に転化することになるだろう。

（3）Samuel Hayat は「黄色いベスト運動」について次のように説明している。「これは［…］革命運動であるが、ただし厳密な政治的意味における革命ではない。これはむしろ形成途上の社会革命である」（Samuel Hayat, « Les mouvements d'émancipation doivent s'adapter aux circonstances », *Ballast*, 20 février 2019）。

第一章　資本は戦争を仕掛ける

支配階級の権力は、単にその経済的・政治的な力、あるいは所有の分配、あるいはまた生産システムの変革といったものから生じるのではない。それはつねに下層階級との闘いにおける歴史的勝利によってもたらされるのである。

ミシェル・レヴィ

ピノチェトからボルソナロへ（回帰）

ブラジルでボルソナロが大統領に選ばれたことは、地球上に行き渡るネオファシスト、レイシスト、セクシストの波のラディカル化をしるしづけるものである。ボルソナロの選出はこの波の政治的意味をはっきりさせてくれる。これを「ポピュリズム」とか「権威主義的新自由主義」と形容すると、その正体がぼやけてしまう。

ボルソナロの勝利が衝撃的なのは、それが新自由主義の政治的誕生としてのピノチェトのチリを直接想起させるからである。名だたる将軍たちや「シカゴボーイズ」の流れを汲む超自由主義的経済財務相などからなるブラジル政府は、チリやラテンアメリカ全域において数え切れないほどの共産主義や社会主義の活動家を抹殺して行なわれた新自由主義の実験が姿を変えて現れたものである。シカゴボーイズの隊長ミルトン・フリードマンは一九七五年にピノチェトと会う。「自由主義」の歌い手ハイエクは、一九七七年にチリに迎え入れられる。彼は「独裁は必要である」とか「個人的自由はアジェンデ政権下よりもピノチェト政権下の方が拡充されている」などと言明する。こうした断言は、新自由主義への「移行期」においては、市場の自由に従わない者は抹殺してもよいということを意味している。そしてまた「来たるべき絶対権力を回避し制限するために誰かが絶対権力を持つことは不可避である」ということを意味してもいる。こうした基本に則って、新自由主義経済学者たちは十年間（一九七五〜一九八六）にわたって彼らのレシピを実験するための「理想的」条件を享受し、あらゆる紛争、いっさいの反対や批判を抹殺し、革命を血の海に沈めたのである。

ラテンアメリカの他の諸国もこの「革新的」政治に追随した。シカゴボーイズは、ウルグアイ、ブラジル、アルゼンチンなどで枢要なポストを占拠した。青年将校たちを率いたヴィデラによる権力奪取に伴って、さらに恐るべき新たな殺戮が行なわれ、新自由主義者たちは軍事政権に参入し、賃金の大幅引き下げ、福祉支出のカット、学校や厚生施設や退職年金などの民営化に手をつける。そしてこうした政策は、世界銀行によって「構造調整」という名の下にただちに承認される。さらにこれらの政策はアフリカや南アジアに適用され、やがて北側諸国にも到来することになる。

こうした現象をどう考えるべきだろうか。ミシェル・フーコーから始まり現在も支配的な分析は、こうした新自由主義の陰鬱で汚れた暴力的系譜を完全に無視している。この系譜においては、残虐な軍人と経済理論の犯罪者が同居している。このことが提起する問題は「道徳的」なもの（ラテンアメリカにおける革命的過程の軍事的粉砕に対する憤激）ではなくて、まずもって理論的・政治的なものである。フーコーが本のなかに見つけただけで、決して現実の政治的過程と突き合わせることはしなかった（意図的な方法的選択！）立派な諸概念——統治、自己生産企業家〔「個人は自分自身を生産する企業家である」というフーコーの新自由主義的概念〕、自由、市場の「合理性」など——は、説明されることなく入念に消去されたある前提を有している。すなわち、「統治される者」の主体性は、彼らを政治的敵対者から「敗者」へと移行させる流血を伴った敗北からのみ構築されるという前提である。

この点、ラテンアメリカは典型的ケースである。ラテンアメリカの闘いは植民地主義と帝国主義に対する戦後の世界革命の重要なサイクルをなしている。このサイクルは資本主義とその世界経済を根底から揺さぶった。それはその強度と広がりにおいて西洋とは比較にならないほどの組織的闘争を生み出した。資本主義による支配の乗り越えに参加したこの革命的主体性に対して、自らを「人的資本」と見なすように誘って、全員の全員に対する競争の世界に引き込んだり、エゴイズムを培養して個人的「成功」を望ませたりすることは不可能だった。この主体性に対して、市場、国家、企業、個人主義を受け入れれば、「自らの人生を獲得できる」ということを信じさせることはできなかった。この主体性を「自己実現」に向かって導きコントロールすることはできなかった。

アジェンデが選挙に勝利し、民主的な道程を経て権力を掌握したあと、アメリカはこの過程を軍事力によって破壊し、それを担った革命家たちを身体的に排除することを決定した。数え切れないほどの人命を犠牲にして「敗者たち」が排除され、新自由主義の実験が定着したのは、こうした主体性の野蛮な一掃によってである。新自由主義はその始祖とはちがって、市場の「自然な」機能を信じていない。逆に市場に絶えず介入し、法的枠組みや財政的・経済的刺激などによって市場を支えなくてはならないと考えている。しかしそれ以前に、「内戦」と呼ばれる予備的「介入」が行なわれる。これが革命や共産主義を志向する「統治される者」を「調教する」ための条件なのである。シカゴボーイズがラテンアメリカにハゲタカのように押し寄せたのはそのためである。軍事的抑圧によって主体性が荒らされ、その政治的企図が打ち砕かれたあとに、新自由主義者の「自由な」試みが展開されたのである。批判的思想の記憶からすみやかに消し去られたこの物語は新自由主義だけの特性ではない。それ以前に、オルド自由主義が、ひとえにナチスによって絶滅させられたドイツの主体性に依拠してレシピを展開したことが知られている。

第二次大戦後の西洋においては、革命闘争は、ラテンアメリカや「グローバルサウス」（ベトナム、アルジェリア、キューバ、コンゴ、イエメン、アンゴラ、モザンビークなど）ほどの強度と広がりに達することはなかった。労働運動の組織はケインズ主義に組み込まれ、冷戦期に現れた新たな政治的主体は資本主義との絶縁の過程を考え組織することができなかった。したがって敗北の仕方が南側とは異なっていた。そこに現れた「六八年の困難な革命」は、南側以上に反資本主義的であり反社会主義的であった。この革命はロシア革命や中国革命によってコード化された政治行動に強く反対したが、同時に、社会民主主義や共産党の戦略にも反対した。この革命は、なお基本となっていた十九世紀型の革命モデルと、発案しきれない二十一世紀型の革命とのあいだで引き裂かれ、本当の意味での戦略的対決を経験しないまま敗北する結果に終わった。抗争の拡大（工場での大規模なストライキ、学校における反乱、家庭内や精神病院施設における反乱、軍隊内部の反乱など）にもかかわらず、資本家も国家もまぎれもない革命には直面しなかった。サッチャーは少数派を打倒し、レーガンは制空権を掌握するだけで、「敵」は崩壊した。

断絶は拡大する異議申し立て運動から発生したのではない（革命的試みは、弾圧が直接苛烈であったイタリアのように、周辺部からあるいは孤立したかたちでしか展開されなかった）。そうではなくて、断絶は企業や国家、保守的環境からもたらされたのである。彼らは自分たちが政治的敵対者を相手にしているのではなく、単に異議申し立て人を相手にしていることに気づき、自分たちにとって有利になるように十年がかりで「反革命」の理論と実践を練磨したのである。その手法は名前は同じ新自由主義といっても、ピノチェトのチリあるいはフリードマンやハイエクとは異なり、権力の運営は、勝利の仕方の多様性、「敗者」の負け方の多様性に基づいて、それらを収斂したものである。

資本家と国家はつねに、それぞれの仕方で、世界市場やそこで生じる政治的危険との関係に即して戦略を構想している。彼らは紛争の流れに即して戦略を考え、自分たちが出くわす抵抗や反対や対立に応じてそれを調整する。しかし「暴力的」な南側と「平和的」な北側を切り離すという誤りを犯してはならない。そこにあるのは同じ資本であり同じ権力であり同じ戦争なのだ。そのことを熟知している新自由主義者は、彼らの敵対者には欠如している階級的憎悪に導かれて、ラテンアメリカに大々的に介入した。それはなぜかと言うと、資本主義は「世界市場」にほかならないからであり、また革命が世界革命として歴史上はじめて南側で最も活発な根拠地をもったからである。したがって、ファシストや拷問者や犯罪者と提携してでも――つまり彼らを合法化してでも――統治するための準備として革命を粉砕しておかねばならないというわけだ。これは「私有」が仮に潜在的にでも脅かされるたびに、自由主義者（「新」であろうがなかろうが）がいつでも行なう用意をしていることである。

二十世紀には、資本は労働争議に直面していただけではなく、革命の歴史的サイクルにも直面していた。そのなかで世界革命は新しい何かをもたらしたが、革命家たちはそれを認識し、価値化し、組織することができなかった。革命は労働力の発展（労働、科学、技術）に依存するのではなく、政治的組織化の次元と強度に依存する。それはまた、労働者階級だけの領域ではない。というのは、十八世紀のフランス革命以来、勝利した革命の大半は「土着民」によるものだからである。

われわれに何が起きるかを理解するためには、二十世紀の初めに遡らなくてはならない。この章の銘句として置いたミシェル・レヴィの引用は、ヴァルター・ベンヤミンの思想を忠実かつ効果的にまとめたものである。ベンヤミンは総力戦とファシズムの体現する激変を余すところなく把握した希有なマルクス主義者である。彼の資本主義の定義はマルクスの定義を拡張しラディカル化したものである。というのは、ベンヤミンにとって資本は生産であると同時に戦争であり、創造であると同時に破壊にほかならないからだ。ひとえに「下層階級に対する勝利」のみが、生産システム、権力、法、所有、国家といったものの変革を可能にするというのである。

このダイナミズムをわれわれは新自由主義の基盤に再発見することができる。かつてと同様現在も、ファシズムが中心的役割を演じようとしているこの「下層階級に対する歴史的勝利」は、「世界革命」とも無縁ではない。しかしそれは、当時の大半のマルクス主義者同様、自分が思い描く下層階級とは非常に異なった下層階級に対する勝利であったがゆえに、ベンヤミンは反植民地闘争の重要性をよく理解できなかった。両次大戦間のパリは十九世紀におけるような時代の首都ではなかったが、「第三世界の首都」として来たるべき革命のなかで決定的な役割を演じた。パリで、アジア、アフリカ、南米などからの移民が交錯するなかで、世界革命の原動力としての植民地主義に反対する民族解放の闘いを先導した多くの指導者が形成されたの

である。(1)

二十世紀前半の総力戦は、戦争を産業戦争へと、そしてファシズムを反革命大衆組織へと変えた。この百年を振り返ってみれば、戦争とファシズムは資本蓄積の転換にとって必要不可欠の政治的・経済的力であると断言することができる。これはマルクスの時代には明らかではなかったことだ。内戦とファシズムなくしては、そして「創造的破壊」なくしては、経済的、法的、国家的、行政的な装置の再転換はありえない。二〇〇八年以来、われわれはこうした新たなシークェンスに入ったのである。

したがって、私の新自由主義分析と、フーコーやリュック・ボルタンスキーやエヴ・シャペロあるいはピエール・ダルドやクリスティアン・ラヴァルなどの分析とは決定的に異なる。これらの著作家は、新自由主義のファシズム的起源や一九六〇年代の「世界革命」――当然フランスの六八年にとどまる話ではない――を消し去るだけでなく、資本の報復としてのイデオロギーを包含する新自由主義反革命をも消し去るのである。これらの理論は新自由主義の展開条件にほかならない政治－軍事的勝利を消去することによって、資本主義の性質を「穏和化」する。下層階級に対する「勝利」は、貨幣、価値、生産などと同様に、資本の性質や定義に組み込まれなくてはならない。

貧者の金融化

二十世紀における政治的対立は資本の勝利に終わった。そして資本は敗者を「統治される者」に変えた。革命派が敗北し破壊され、主体性が〈白紙還元〉され、新たな装置が人間を従属させるための新たな規範を設定することができるようになった。金融が支配する時代には、行動の統治は平和な時代をもたらさない。統治者／被統治者の関係が戦争に取って代わり、事実上戦争を別の手段で続行するのである。

前回の大統領選挙〔二〇一八年〕の二回目投票の数日前、ブラジルのジャーナリスト、エリアヌ・ブランは、こう書いている。「われわれが国のためのオリジナルな企画について議論し始め、先住民、黒人、女性が新たな権力空間を占拠し始めると、その過程は中断した。われわれが平和を享受し始めると、戦争が再燃した。なぜなら、弱者に対する戦争は停止することがないからだ。それは時には和らげられることもあるが、絶対に停止しないのだ。今回、そうした悪しき傾向は権威主義的計画に民主主義の衣を着せようとやっきになっている[2]」。

(1) Michael Goebel, *Paris, capitale du tiers monde. Comment est née la révolution anticoloniale (1919–1939)*, trad. fr. P. Stockman, Paris, La Découverte, 2017.

ブランは全員が感じているように見える現実を強調している。つまり戦争は止まらないという現実である。その強度が政治的対立の状況に応じて和らげられたりするだけである。この「和らげられた」関係のなかで、金融蓄積体制と被統治者による闘争の矛盾が新たな二極化を生み出す。そしてそれは二〇〇八年の金融システムの崩壊から始まった政治的シーケンスを起点として、レーガンとサッチャーの確立した統治体制との断絶をもたらすことになる。

われわれはこの過程をブラジルにおいてつぶさに辿ることができる。それは独裁体制の終焉からルラとルセフの大統領在任期間における金融的統治装置の設置へと至る過程、さらにはルセフの危機から前代未聞の戦略的対立の様態を経てボルソナロの選出へと至る過程である。ブラジルにおいて容易に見て取れるのは、改良主義と新自由主義の両立不可能性である。なぜなら新自由主義は、まさに「ケインズ主義」的実験に対抗すべく構想され、構築されたものにほかならないからである。われわれはこうした政治的シーケンスの変化をある特殊な観点から分析したいと思う。すなわち金融資本が支配のために選択した「社会政策」という観点である。金融資本はおのれの支配を押しつけるために「北側諸国」におけるのと同じ社会政策を選択したのである。[3]

労働者党（PT）は「福祉支出」を基礎にした富の「再分配」を行なおうとしていた。そして福祉支出を金融に頼ることになり、これを部分的に民営化した。これは貧者と給与生活者の一部を債務者＝〈借金人間〉に変えることになり、この傾向はルラの最初の大統領在任期間から拡大していき、二〇〇八年の金融危機のあと恐るべき結果をもたらすことになる。ここで敵対者間の対立が再燃するが、それは四十年にわたる新自由主義の匂いが漂うかつてない背景のなかで行なわれる。すなわち、統治の危機は極右によって民主主義的制度の責任に帰せられ、反資本主義運動は弱体化していておのれを再組織する力がなく、新たな戦略を立てて革命的組織化を行なうことができないという状況である。

PTの「社会発展政策」のいくつかの柱——最低賃金や賃金水準の引き上げ、ボルサ・ファミリア（最貧困家庭への援助プログラム）など——のひとつが消費への支援であった。消費は貧困者や低賃金層がローンに参入したため爆発的に増大した（ちなみに、この社会発展政策のもうひとつの柱は原料の輸出であった）。やがてローンは需要を増大させるための刺激として賃金よりも大きな位置を占めるようになる。賃金の倍増に対して、消費ローンは四倍増えて、家庭の収入増の四五パーセント近くに達し、国内総生産の三分の一を占めることになる。

（2）Eliane Brum, « Brésil: comment résister en ces temps de brutalité », *La Règle du jeu*, 17 octobre 2018.
（3）このあとの記述はレナ・ラヴィナスの素晴らしい著作に依拠している。Lena Lavinas, *The takeover of social policy by Financialization: The Brazilian Paradox*, New York, Palgrave MacMillan, 2016; 以下も参照。Lena Lavinas, « How Social Developmentalism Reframed Social Policy in Brazil », *New Political Economy*, vol. 22, n° 6, 2017.

貧困を減らすためにローンに頼ったことは、トロイの木馬のように機能する。つまりこれによって金融化が多くのブラジル人、とくに貧者の日常生活のなかに導入されたのである（「金融」による包摂）。債務者／債権者の関係は、社会集団に共通する行動を導き統制することを可能にする技術装置である。なぜならそれは、貧者、失業者、賃金生活者、年金生活者の区別なく機能するからである。それは階級闘争を賃金生活者の組織が対応しにくい新たなフィールドに移行させる恐るべき効果を持つ技術である。[4]

新たな社会集団（労働者、貧者、貧しい労働者）の負債の回路への捕獲は、PTが設置した「委託ローン」によって容易に行なわれた。すなわち、銀行が賃金や年金から負債の利息を直接天引きするというシステムであり、こうした収入の譲渡によって融資は「リスク」か守られる。それは銀行にとってローンにかかる費用のコストダウンをもたらし、金融回路の拡張を可能にした。

PTが新自由主義の戦略的目標のひとつを達成したということである。金融から引き出される蓄積のなかでは、「ケインズ的有効需要」と国家による富の再配分は、国家支出と社会サービス（保健衛生、教育、失業保険、年金など）に置き換えられる。こうした支出の財政措置は民間銀行に帰属する貨幣製造と金融機関によって担われる。そして民間銀行と金融機関はローンへのアクセスを容易にするための技術をフル活用する。かくして左翼政権は新自由主義の計画のさらに重要なもうひとつの目的の実現を促進する。すなわち、貨幣製造の民営化であり、これが他のあらゆる民営化の元になる。社会サービスの商品化というこの戦略は、金融資本の価値化から逃れる富の捕獲機械、つまり市場のための主体性を生産する恐るべき装置をなすと同時に、国家の機能の再定義を促す。

ケインズ的「有効需要」と再分配政策が社会サービスと貨幣に置き換えられることによって、他所と同様ブラジルにおいても、金融が「社会的再生産」とその財政措置をコントロールするようになった。労働運動もフェミニズム運動も、この「再生産」の専有／民営化に対していかなるまぎれもないオルタナティブをも対置することはできなかった。一九七〇年代以来、家事労働への賃金を要求してきたフェミニズム運動が、このことを察知していたにもかかわらず。

レナ・ラヴィナスは、PTの政府と世界統治をする金融諸機関とが同調するさまをはっり描いている。金融機関はすでに二〇〇〇年から「金融化による包摂」や消費者ローンによる成長刺激を、貧困に対する闘争の最も効果的な手段であると見なして推奨している。二〇〇八年の

（4）負債についての詳しい分析は以下の私の書物を参照。*La Fabrique de l'homme endetté* (Paris, Amsterdam, 2011)〔マウリツィオ・ラッツァラート『〈借金人間〉製造工場――〝負債〟の政治経済学』杉村昌昭訳、作品社、二〇一二年〕および *Gouverner par la dette* (Paris, Les Prairies ordinaires, 2014).

金融崩壊のあと、世界銀行、ＩＭＦ、Ｇ20は、不平等を削減し「機会均等」を確立するために、「包摂式金融システム」の発展を加速化しようとした。この自己破壊的錯乱——資本の自殺行為——は、金融資本にかつてない進歩と近代化の力を見いだそうとする左派によって綿密に隠蔽された。こうして危機をもたらした当の金融技術によって危機を解決しようという錯乱が姿を現わしたのである。

しかし新自由主義の戦略は主体性を伴わなければ「経済的」に効果を発揮しない。マーガレット・サッチャーは、「経済学は方法にすぎず、目的は人々の心と精神を変えることである」と言った。社会保護の新政策は戦後の〈福祉国家〉の諸原則と断絶する。なぜならこの新政策は、「人々に個人的リスクをとるように促すことによって基本的生存手段を守る」ことを目指すからである。それは貧者が負債のリスクを個人的に引き受けることができるように行動を変えるよう教唆する。

まず労働者共済そして〈福祉国家〉といった集合的な仕方で負わされた「社会的リスク」は、いまや個人に背負わされることになった（福祉は労働者相互の連帯の様式を国家管理することによって労働者をコントロールする手段ではあるが、それでもリスクの社会化の原則は維持していたのだが）。負債という個人的リスクによって社会的リスクをカバーすることは金融諸機関によって人々を隷属化する技術として考案された。定期的返済は借り手に規律を課し、生活スタイルや思考・行動様式を規制する。こうした自己管理は、世界銀行にとって、貧者を企業家に変え収入の不安定な流れをローンによって管理するためにこのうえなく重要なことであった。

フォード主義的権力装置とはきわめて異質のこの新たな統治技術は、諸個人の「選択」を根本的に金融的なミクロ政治学的社会エンジニアリングを通して私的なものへと導くための諸条件（経済的インセンティブ、税制上の控除など）を生み出す。それは社会サービスの充実よりもお金の分配を優先する。すると、とくに諸個人は借金したお金を競争に開放された社会サービスの市場に支出することになる。かくして社会サービスのユーザー〔利用者〕は負債を負った客になる。

PTはさらに、それと気づかぬままに新自由主義プログラムのもうひとつの要素――すなわち国家とその機能の再形状化――を実現し、それが反転し、たちまち刃を突きつけられる。新自由主義者以上に「弱い国家」、「極小国家」、「国家嫌悪」の思想に陥ったのである。こうして社会サービスの民営化は、社会闘争が国家支出に及ぼすプレッシャーから国家を解放することになる。政治システムは、冷戦期に国家の権威を浸食する諸要求に包囲され、私的所有の発展にとって必要な主権行使の場としての機能ではなく、その行政的機能を拡張した（これは一九七五年の「三大陸委員会」の報告に現れている[5]）。

社会サービスの「供給」を民営化することは、「社会的需要」からその政治的意味と集合的形態を奪うことを意味する。国家は、社会闘争の包含する「期待」や権利、平等といったものから解放され、新自由主義が国家に想定する機能を引き受けることになる。すなわち、国家は「自由経済のための強い国家」、「弱者（持たざる者）に厳しい国家」、「強者（資産家）に優しい国家」となるのである。国家は最小になるのではなく、「最小の社会サービス」を管理すること、つまりリスクを最小限カバーすることが求められる。あとは保険市場でまかなえばよいということである。競争になじまない者、労働市場の外に落ちこぼれた者も、「最小限」は手にすることができるのだから、そこから改めて全員の全員に対する競争のために再出発すればよいということである（「就労義務付雇用手当支給」）。他方、国家は国家としてこの変革に専心し、社会サービスに金を出さずに放置し、人々にローンに頼るよう鼓舞するという財政政策を確立しなくてはならない。これこそブラジル国家が漸進的に実現したことにほかならない。

ブラジルでは、ルラの大統領在任期間に恐るべき結果がもたらされた。人々の借金が増大し、自己責任とされ、非政治化が進み、「経済成長」も再配分も、階級構造を一寸たりとも変えはしなかった。金融による包摂は、不平等きわまりない社会構造や生産構造を変えることはなく、逆にそれらを再生産したのである。なぜなら、ローンによる配分は「表面的な消費の増大」しかもたらさなかったからである。ラヴィナスは、人々の収入水準とは関係なしに「たった十年で、携帯電話、カラーテレビ、冷蔵庫などがあまねく広がった」と指摘している。他方、ペリー・アンダーソンは、この消費戦略の限界を次のように強調している。「水の供給や舗装道路、必要不可欠のバスの運行、下水処理、学校や病院の拡充といったものがおろそかにされた。集められた財の使い方にいかなるイデオロギー的・実践的優先権も与えられなかった」[6]。二〇一三年に、PTの外部でPTに反旗を翻して展開された大衆動員は、PTの社会政策の結果に対する不満、怒り、落胆の表れであった。その要求はまさに交通や保健サービスや教育の劣化を標的にしていた。それはPTの「小手先の改良主義」に対する死刑判決であった。

PTは自分が腰掛けていた枝を切り落としてしまった。なぜなら、PTの「再分配」政策は、新自由主義の政治的達成目標にほかならない非政治化した個人主義を生み出したからである。ペリー・アンダーソンはこう述べている。「貧者はPTの権力の受け身の受益者のままだった。PTが彼らを教育したり組織したりせず、集合的力として動員することもなかったからである。彼らにとって再分配はもらいもののようなもので、たしかに貧者の生活水準を上げは

（5）Michel Crozier, Samuel P. Huntington et Joji Watanuki, *The crisis of Democracy: On the Governability of Democracies*, New York, New York University Press, 1975.〔サミュエル・P・ハンチントン、ミッシェル・クロジエ、綿貫譲治『民主主義の統治能力――その危機の検討』綿貫譲治監訳、サイマル出版会、一九七六年〕

（6）Perry Anderson, « Crisis in Brazil », *London Review of Books*, april 2016.

したが、それは個人化されたものだった」。ラヴィナスはさらに手厳しく、PTの実験をクレジットカード社会主義と呼んで総括している。「労働者党はひとたび権力の座につくと、集合的帰属の絆や共同主義的連帯ではなく、ローンへのアクセス、銀行の個人口座やクレジットカードといったものに依拠した新たな社会的アイデンティティをつくりだすことによって国民を再構成することができると考えたのである」。

全員が勝者となり大ブラジル建設のために階級を融合して動員することができるという経済成長（より正確に言うなら、資本蓄積）の幻想は、二〇〇八年の金融崩壊の結果、打ち砕かれた。これは金融に依拠した再分配政策の内的矛盾によるものであった（それだけでなく、これは「採掘」資本主義における原料価格の下落にもよるものであったが、ボルソナロはこれを再び推進し、PT自身が促進したアマゾンの森林伐採をさらに拡大している）。

新自由主義はルラの在任期間の末期に現れたのではない。皮肉にも、それはほかならぬ労働者党によって育成されたのである。他方、資本は労働運動の諸制度と良好な関係を維持する。なぜなら、金融化は賃金生活者（教員、公務員、労働者など）の「年金基金」という制度的大投資家の存在なくしては考えられないことだったからである。

しかし、資本そのものが生み出す危機が訪れると、国内外の金融機関、ファシスト、アグリビジネスの土地所有者、軍人、宗教家（独裁時代の反動的カトリック、現在の福音主義者）といった連中が同盟を結ぶ。これは新自由主義者にとってなんら問題のない古典的戦略である。

こうした大資本の戦略と並んで、白人エリートや上位の中産階級の反逆が政治的空間に姿を現わし始めた。労働者出身大統領の引き起こした階級憎悪、黒人の大学への進学の増加、あるいは（白人以外の）家政婦との労働契約の義務といったものが生み出した階級憎悪が、経済政策の失敗に伴って発現したのである。しかし、負債を負った人間の幻滅と罪悪感に囚われた悲しい感情、おびえながら孤立する人間の感情もまた、ファシストの運動にとって貧者や賃金生活者の一部を引き込むのに好都合な役割を果たしたことは否定できない。クレジットのミクロ政治はファシストのためのミクロ政治の条件をつくりだしたのである。

したがって、新自由主義の狂気のレシピがブラジルのみならずいたるところで挫折したあとに、戦略的対立が到来しつつあったということである。しかし、この統治の断絶を政治運動は予期していなかった。ブラジルの政治運動は、一九八五年の独裁体制の終焉以降、内戦や革命の新たな条件を考えようとしなかった。十九世紀、二十世紀の革命運動の切り札をなす戦略的思考が、二〇一一年の地球規模の動員の波――そこからブラジルの二〇一三年の運動も生まれた――には完全に欠落していた。

新自由主義時代のラテンアメリカの経験は「改良主義」についての大いなる誤解の上に構築された。「改良主義」は革命に取って代わるものではない。なぜなら、「改良主義」は革命の現実あるいは革命への恐れに依存しているからである。資本主義が現実に危機に陥ることがなければ、「改良主義」はありえない。十九世紀の社会主義的、アナキズム的、あるいは共産主義的な政治運動はすべて、資本主義の乗り越えや破壊を追求していた。長年にわたって被った悲惨な「政治的」敗北にもかかわらず、社会的成果は増大した。ロシア革命がこの闘争サイクルを完成した。ロシア革命はその政治的挫折にもかかわらず、西洋においても反植民地革命のサイクルや新たな権利（福祉や労働の権利など）を生み出した。現代の政治運動は資本の存在を脅かすことからほど遠くなっている。そのため、この四十年、経済－社会的敗北がそのまま政治的敗北と同じものになっている。ラテンアメリカは夢から覚めなくてはならない。革命の可能性なき改良主義の実践は資本の延命にとって脅威にならないということである。

「金融」のメカニズムを通して貧困を減少させたり労働者やプロレタリアの状況を改善しようと考えることは、無邪気にすぎるし、矛盾というよりも堕落であると言わねばならない。「クレジット」はいかなる政治的計画にも適用可能な単純な道具ではありえない。なぜなら、それは資本主義のもっとも抽象的かつ恐るべき武器にほかならないからである。金融化は生産のなかに「無制限」を導入するものであり、つねに経済的・政治的危機に通じてきた。そして、金融危機はつねに戦争の論理によって——より正確に言うなら、当初から資本主義の基盤にある階級・人種・性の戦争の再燃によって——刻印された政治的局面をもたらしてきたのである。

新しいファシズム

［アメリカの］保守主義者たちは民主主義的に勝利することはできないという確信を持ったとき、保守主義を放棄するのではなく、民主主義を拒否するのである。

デヴィッド・フラム

新しいファシズムは、新自由主義「システム」との断絶を（行動よりも言葉の上で）宣言しつつ、とりわけ移民、亡命者、イスラム教徒を敵として名指しすることによって、二重の仕方で政治的ヘゲモニーを確立した。とくに二〇〇八年以来、階級的不平等が培養し続けている政治的分極化は、人種差別を通して、幻想的ではあるが「現実的」でもある「民族」――共通の敵に対峙することによってアイデンティティの形体をなす「民族」――のなかで再構成された。

戦争は、人種差別、ファシズム、性差別などと同様に、変化し姿を変える。四十年にわたる新自由主義政策のあと、これから到来するものは、両次大戦間の単なる反復ではありえない。ネオファシズムは二重の変化から生じる。一方に歴史的に継承されたファシズムの変化があり、他方に反革命的な組織と暴力のファシズムの変化がある。この現象を多くの者は「ポピュリズム」と呼ぶが、それは偽善的な呼び方である。この現象を見誤りがちなのは、その出所が資本主義的な生産と消費の様態のなかの奥深い場所にあるからである。[7]

現代のファシズムは、それが国家－社会主義ではなく自由－社会主義であるという意味で歴史的ファシズムの変化形である。一九六八年から生まれた政治的諸運動は、今日きわめて弱体化しているため、一九三〇年代のファシストやナチスが行なったように、運動の要求をねじ曲げて使う必要すらない。当時「国家社会主義者」は、まさしくそういう統合的歪曲の役割を果たした。すなわち、民衆の要求をねじ曲げたかたちで統合して、独裁体制がそこから革命的射程をいっさい取り除けるようにしたのである。新しいファシズムにそのようなものはいっさいなく、逆に超－自由主義である。新しいファシズムは、一方でマイノリティや「外国人」、犯罪者などを「鎮圧する」強い国家を求めるが、市場や企業や個人事業に賛成である。また「オルド自由主義者」のように、市場、企業とりわけ私有を構築するために強い国家を求める流れもある。新しいファシズムは、革命による平等の推進がないかぎり何でも起こりうる空っぽの入れ物でしかない民主主義を利用する。議会制度や選挙制度は新しいファシズムにとって好都合なのである。なぜなら、こうした状況下では、そうした制度は彼らにとって有利に働くからである。新しいファシズムの人種差別は「文化的」である。そこには植民地化の時代とは異なって、「征服主義」や「帝国主義」の影はいっさいない。新しいファシズムは国民国家をぎりぎりまで利用しようとする。新しいファシズムはむしろ防衛的であり、臆病で、不安を抱え、自分たちの未来は明るくないと感じている。かくして反ユダヤ主義はイスラム嫌悪や移民嫌悪へと場所を譲ったのである。

歴史的ファシズムは総力戦の破壊力の現働化の一様態である。しかし目下拡大しているファシズムは逆に、民衆に対する戦争の一様態である。新しいファシズムは、歴史的ファシズムが労働者や農民の組織を軍事的に破壊したのとはちがって、「暴力的」であったり準軍事的である必要はない。なぜなら現代の政治運動は、両次大戦間の「共産主義」とはちがって、資本や資本制社会の存在を脅かすものではまったくないからである。この数十年、アメリカ合衆国でもヨーロッパでも、ラテンアメリカでもアジアでも、革命的政治運動は起きなかった。

歴史的ファシズムは、革命勢力がひとたび潰えたら、「近代化」の過程の作動因となった（グラムシ）。そして社会主義を「統合」し、あらゆる紛争を暴力によって制圧した。イタリア

（7）たとえば、二〇一八年の選挙の結果生まれた「五つ星運動」（ポピュリスト）と「同盟」（ファシスト）の連合は、ポピュリズムが政治的一貫性を持っていないことを明らかにしている。これは「同盟」のネオファシストが政府に参画することだけでなく、この党が数カ月でイタリアの第一党になることを可能にした。「同盟」のメンバーで内務大臣のサルヴィニにとっては、「五つ星運動」の政治的意思を無効化するために、「（移民に対して）ドアは閉じられている」と呪文を唱えるだけで十分だった。ポピュリズム（左翼のそれも含めて）は、ネオファシズムの権力への通路を切り開くのである。

では、伝統的産業を再構造化し、映画産業をつくりだし、学校や民法を改革し（それは現在も生きている）、〈福祉国家〉を確立した（ナチスの福祉国家はアメリカ合衆国よりも「ラディカル」であった）。新しいファシズムの課題はナショナリズムの色彩を帯びた新自由主義の確立である。

幻想の統合を軸にした人々の再構成は、ゲイやレズビアンやトランスジェンダーといった多数派モデルから逸脱した人々の行動によって攪乱された。ネオファシストは異性愛を中心にした多数派モデルへのノスタルジーを軸としていたからである。ネオファシズム勢力の台頭はつねに「ジェンダー理論」に対する強い「憎悪」を伴っていた。家族と異性愛秩序の再構築がファシズムの主体化のもうひとつの強力なベクトルをなしているのである。

新旧のファシズムが共有しているのは、資本から伝達された自己破壊と自殺願望への傾向である。というのは、資本にとって「破壊」や「自己破壊」を伴わない「生産」はありえないからである。資本主義がその生産力を最高度に発展させた二十世紀前半におけるヨーロッパの自殺のあと、われわれは今アメリカの自殺に立ち会いつつあるのではないか。アメリカは成長の限界に達したのではないだろうか。ともあれ、資本とファシズムには同じような空気が通底している。これは二十世紀に生み出されたものだが、二十一世紀に新たな形態をとろうとしている。

このファシズムの波の進展は予測が難しい。なぜなら、その内部において顕著な相違が見られるからである。一方にエルドアン〔トルコの大統領〕やボルソナロ、他方にヨーロッパのネオファシストがいて、その中間にトランプがいるといった図式である。ただ確実に言えることは、歴史的ファシズムは資本の矛盾や袋小路を解決することができなかったということだ。歴史的ファシズムは矛盾を激化させ、世界を第二次大戦へと導いた。トランプは新自由主義資本主義を不安定化しつつある。金融の規制緩和を加速化し、アメリカ企業の独占体制を強化し、「金権階級」のために減税しながら、同時にこの規制緩和や独占の犠牲者（白人労働者）を守ると称している。トランプの外交政策のでたらめぶりは言うまでもないことだ。

ヨーロッパにおけるファシズムの再生はいま始まったことではない。それは新自由主義の始まりと軌を一にしている（ラテンアメリカでは、ファシズムは新自由主義の可能性の条件であった）。というのは、「栄光の三十年」をもたらしたフォード主義的妥協への告発は、新たな人々の分断様態、新たな統制・抑圧様態を必要としたからである。人種差別、性差別、ナショナリズムは、当初国家によって誘発され組織されたのだが、やがて新たなファシズムの手中に移行した。

フーコーに照らすと、ファシズムの世界的増殖を理解するのはたやすい。つまり、ファシズムはある意味でつねに存在したのであり、国家や資本の組織の一部をなしているのである。フーコーはこれを「権力の突起物」と呼んでいるが、これは「われわれのシステムのなかにいわば内在的に構造化され、いつでも可能態として出現しうる、西洋社会のなかに常時潜在的に存在している」ものなのである。[8] フーコーはその「無視すべからざる事例」として、「ムッソリーニ、ヒトラー、スターリンのシステム」だけでなく、チリやカンボジアの例も引き合いに出している。ファシズムは「西洋の社会的・政治的システムのなかにすでに存在していた一連のメカニズム」を延長しただけのことなのである。しかしフーコーは、国家とファシズムの関係はよく把握したのだが、国家とファシズムが資本と取り結ぶ関係については把握できなかった。しかし、まさに国家とファシズムこそが資本の戦争機械の構成要素なのである。

プリーモ・レーヴィのように、ファシズムやナチズムはいつでも起こりうると言うだけですますことはできない。ファシズムやレイシズム（人種差別）やセクシズム（性差別）や、それらが生み出すヒエラルキーは、資本蓄積や国家の機能メカニズムのなかに構造的に組み込まれているのである。

ファシストと経済

「進歩主義的」自由主義者や「民主主義者」は、実業界や金融界が新たなファシズムと同盟を結ぶことに驚く。ファシズムが新自由主義のなかに「回帰」することに驚くのは、ファシズムを例外視してそれが二度と起こらないと考えているからである。資本を単なる「生産様式」であると考え続けていると、金融化がつねに戦争の「回帰」と手を携えていることに驚くことになる。

独裁体制と新自由主義は問題なく両立可能である。新自由主義者はこのことをよく心得ている。自由主義者ルートヴィヒ・フォン・ミーゼスは、ファシズムと独裁は「ヨーロッパ文明」(彼はこの言葉で私的所有を指している)を救った、このことは歴史に永遠に刻まれるべきことだ、と言明している。そしてその弟子のハイエクは、自由の同義語としての私的所有の名において、「自由主義なき民主主義」よりも「自由主義の独裁」を賞揚する。ピノチェトはそれ

(8) Michel Foucault, « La Philosophie analytique de la politique », *Dits et Écrits*, t. II, Paris, Gallimard, 2001, p. 536.〔ミシェル・フーコー「政治の分析哲学」、『ミシェル・フーコー思考集成7　知/身体』筑摩書房、二〇〇〇年、一二四頁〕

を保証したが、アジェンデはそれを保証するかどうか不確かだったのだ。

広く共有されているため除去するのが難しい意見とは逆に、ファシズムは、経済、貿易、金融の障害にならない。一九一四年以前のフランスの国会では、今日と同じ論法が見られた。すなわち、国民経済の相互依存が強力なので戦争は起きないだろう、グローバリゼーションが生産や貿易のなかに深く根付いているので戦争は不可能だ、という議論である。しかしその続きは周知のところである。第一次大戦後、イタリアのファシズムはウォールストリートと良好な関係を保っていた。イタリア・ファシズムが経済的「自給自足」を主張し、アメリカは台頭する外国人嫌悪の圧力の下で、ムッソリーニ体制に悪影響を及ぼすアメリカへの移民の割当制を実施したにもかかわらずである。

「ナショナリズム」、自給自足、外国人嫌いは、各国の民衆の内政的管理に関係するものでしかなく、世界規模の経済的問題には二義的にしか関わりを持たないのである。情勢はちがっていても、両次大戦間期の教訓は現在でも有効なのだ。アダム・トゥーズは次のように述べている。「国民経済の発展政策は、国際貿易や金融ネットワークの推進とまったく両立可能である。第一次世界大戦の直接的影響は、脱グローバル化を進行させたというよりも、国際的な経済的交易を再構成したのである」[9]。フーバーとルーズベルト、そしてチャーチルも、秩序を再建し、国内産業を「近代化」し、資本主義エリートにとって唯一の大問題であるボリシェヴィキの危険を遠ざける人物として、ムッソリーニに好意的な立場をとっていた。

トゥーズはさらにこう述べている。「一九二五年に交渉が行なわれた戦争負債についての合意は、アメリカが同盟国と締結したもっとも寛容なものであった。［…］アメリカのイタリアへの投資は、またたくまに四億ドルを超えた」。フーバー大統領が世界政府を発進しようとしたとき、ファシストのイタリアは特権的パートナーのひとつであった。一九二〇年代の自由主義者、金融、ファシズムの調和は、ファシズム独裁の強化で断ち切られたのではなくて、一九二九年の危機によって断ち切られたのである。アダム・トゥーズは、「民主主義」や金融とファシズムとの関係は冷戦期に偽造されたと述べている。それは「一九三五年以降、JPモルガンのような大機関が、のちにファシストの犯罪者として取り扱われることになる人間たちと緊密に強力していたという事実を隠蔽するため[10]」であった。

ハイエクがファシズムを正当化した理由をもう一度問わねばならない。ハイエクによると、独裁――ハイエクはピノチェトのことを念頭に置いている――は「政治的自由」を解体するが、「個人的自由」（経済の自由、売買の自由、起業の自由、とくに投資や投機あるいは金利を使っ

（９）Adam Tooze, « Quand américains aimaient Mussolini », *Esprit*, mai 2017.
（10）*Ibid.*, p. 68–69.

た略奪といった金融の自由）を増殖させる。

歴史的に見て唯一の危険は、自律的・自己破壊的戦争機械として構成されるファシストの政治的自立化である。しかし、これは、私的所有が危険にさらされたときに資本家や自由主義者がためらいなく選択するリスクであり、必要とあらばいつでも身を投じるリスクである。資本は単に経済ではない。それは同時に権力であり、政治プロジェクトであり、政治的対立戦略であり、「奴隷」（労働者、貧困者、女性、植民地化された人々）による政治的革命の不倶戴天の敵なのである。もうひとつの既成観念とは逆に、資本は「コスモポリタン」ではない。資本の脱領土化、領土や境界への無関心はまったく相対的なものである。資本の目的は生産力を発展させることであるが、ただしそれが利潤をもたらすという条件の下においてである。この条件は（マルクスが明らかにしたように）、科学や労働、テクノロジーなどの「即自的」発展と明らかに矛盾をきたす。利潤の存在を保証する再領土化は、必然的に国民国家、レイシズム、セクシズムなどを介して行なわれることになる。場合によっては、そこに戦争とファシズムが出現する。なぜなら戦争とファシズムは、状況が激化したとき接収と略奪の続行を政治的に保証することができる唯一の手段だからである。生産力の利潤への従属は経済や法律や技術の機能に純然たる仕方で内在している、などと考えるのは無邪気にすぎる。国家や戦争、レイシズム、ファシズムなどが存在しなければ、利潤は存在しないのである。下層階級に対する「勝利」は一度きりのものではない。それは絶え間なく繰り返され再生産されるものなのである。

植民地レイシズムの変化型としての現代のレイシズム

ちょっと聞いてくれ。郊外の恵まれない若者に出くわしたら、黄色いベストの運動に参加して、俺は、いままで郊外の「屑野郎」とか乱暴者と呼ばれる連中のことを差別的に見ていた自分の考えを完全に変えなくてはならないと思うようになった、と言ってくれよな。俺は週に一回戦いながら一カ月半たって、もう限界にきている。そして、彼らが長年差別に耐えてきたなかでどんな大きな怒りを抱いているか想像すらできない。つまりだな、俺は人生ではじめて彼らに親近感を抱いたんだ。彼らを恵まれた平均的白人の目でしか見ることができなかった俺はまったく馬鹿者だったと、毎日反省しているよ。

黄色いベスト運動のある参加者の言葉

歴史的ファシズムは、抑圧的、破壊的、大量殺戮的権力の技術をはじめて現働化したものではない。この技術はまず植民地化された人々の統制や規制の様式として現れた。奴隷制による人々の「規制」は、ヨーロッパにおける生権力の展開よりもはるか以前、その完遂としてのナチス・ドイツよりもはるか以前に発展した。植民地主義という「重装備」の機械は、ずっと以前から、「〔その機械を〕動かすように強制された人々を生と死のあいだに――つねに生よりも死に近いところに――置いてきた」[11]。「人種差別」を位階序列化と差別的分離の武器として用いる民衆コントロールはファシズムによって発明されたものではない。それは「人種」なるものが発明された植民において広く実践されていたものである。

現代の人種差別は植民地における人種差別の変化したもの、植民地化された人々に対する戦争の変化したものである。黒人、イスラム教徒、移民は、海によって隔てられた人種的障壁の向こう側にいるのではない。彼らは北側の諸都市に市民として居住しているのであり、労働市場において西洋人がやりたがらないつらい仕事をこなしているのである。

資本主義は、アメリカ大陸の征服以降、世界統治を行なっている。その主たる仕事は、本国の民衆と植民地の民衆を分離し、これを再生産することである。世界経済は、地球を覆う人種差別的分離を起点として、その政治的・経済的機能を果たすように構造化された。これは劇的な分離であり、その陰でヨーロッパの権力や知の総体が形成されたのだが、同時に、この帝国主義的戦略を「逆手にとる」労働運動も登場した。これはエンゲルスがイギリスの労働者について描いたところでもある。

この人種差別的分離の力と戦略的役割は、第一次世界大戦を起点として第二次世界大戦後に加速した反植民地主義・反帝国主義の革命闘争の盛り上がりが逆証している。資本はそれによって崩壊の危機に立たされたため、戦略を転換して、北と南の民衆の分離を世界中のすべての民衆のあいだの競争へと変えざるをえなくなる。グローバリゼーションというのは、この労働力の競争化戦略を世界的規模で発動したものである。

植民地化の時代において、人の移動はヨーロッパからその他の地域への（搾取のための）移動であった。ヨーロッパは自国民を輸出することによって、おのれの内部における戦争（内戦）を払いのけていたのである。現在、南から北へ向かう人の流れがちょっと増しただけでも北は不安定になる。そのため、移民者が犠牲となる人種差別的分離が北の民衆管理の手段となり、旧来の「植民地」出自のヨーロッパ市民に対する差別に付け加わることになる。こうして労働市場の統治技術としての人種差別は、政治的統治においても根元的な役割を果たすことに

（11）Jean-Paul Sartre, « Colonialisme et néo-colonialisme », *Situations*, V, Paris, Gallimard, 1964, p. 54.〔ジャン＝ポール・サルトル「『植民者の肖像と被植民者の肖像』」渡辺淳訳、『シチュアシオン5——植民地問題（サルトル全集31）』人文書院、一九六五年、四〇頁〕

なり、北の諸国の民族主義的主体化の強力なメカニズムのひとつとなるのである。

資本の近代主義的概念に対立するこの人種差別的分離は、しかしながら絶対に再生産されなくてはならない。つまり、資本が植民地と本国の分離に従って「強制労働」と「自由労働」を配分することができなくなったら、資本は本国の内部でこの分離を生産しなくてはならないのだ。そうであるがゆえに、不安定労働は「奴隷労働」の様相を呈し、従来の賃金労働者の階層をますます浸食するという現象が起きているのである。

この観点に立つなら、グローバリゼーションは、植民地における生産を特徴付ける支配と隷属が、金融という上位の権力によって統制されるかたちで西洋に移行し広がったものであると言えるだろう。マルクス主義は賃金労働者の一般化として捉えたが、そうではないのだ。われわれの社会の構造は明らかに植民地の現実に似通っている。フランツ・ファノンは、植民地とは「奴隷制、農奴制、物々交換、手工業、証券取引が共存する、絶えず変化する不安定な〔ところ〕であると述べている。[12] 地理学者ギー・ビュジェルは、現代フランスのなかに植民地の搾取様式と同じ分離構造を見て取っている。「〃都市周辺部〃には、セルソ・フルタードやサミール・アミンなどの第三世界主義的分析があてはまる。彼らは、一九六〇年代に、都市周辺部を単純な地図上の地域としてではなく、資本主義システムの〃中心部〃と対比的に捉えていた」。[13] 「人種差別的」分離は、いくつかの国（たとえばイスラエル）が今も公然と行なっている統治様式であるが、アメリカのような国においては、建国以来その物質的構成の基盤に置かれているものである。

フーコーが「権力の突起物」と呼ぶものの第一の機能は、隷属状態を生み出すことである。昔は「植民地の建設者」と「植民地の被支配者」の関係、今は移民と西洋のレイシストの関係である。植民地主義は暴力の実践であるが、他方で主体性の生産のある特殊な形態でもある。これと同様に、現代のレイシズム（人種差別）は、それ固有の隷属性の生産を行なっている。

フーコーが強調するように、隷属が「副次的現象ではなく、経済的・社会的プロセスの結果である」とするなら、「レイシスト」の行なっている生産は、資本主義とりわけその最も残虐な原動力としての私的所有と密接な関係を持っていることになる。レイシズムは自由主義が昔から行なってきた約束、しかし決して果たすことができなかった約束、すなわちひとりひとりの個人を所有者にするという約束を現実のものとすることを可能にする。サルトルは反ユダヤ主義をつぎのような天才的直観で説明しているが、それはこのことである。彼は言う。反ユダ

(12) Frantz Fanon, *Les Damnés de la terre* (1961), Œuvres, Paris, La Découverte, 2011, p. 509.〔フランツ・ファノン『地に呪われたる者』鈴木道彦・浦野衣子訳、みすず書房、二〇一五年新装版、一〇五頁〕

(13) Guy Burgel, « Les fins de mois difficiles avant la fin du monde », *Libérations*, 26 novembre 2018.

ヤ主義者は「都市のプチブルで、何も所有していない。しかしまさにそれゆえ、ユダヤ人に対して立ち上がることによって、彼らは突然所有者であるという自覚を持ち始めるのである。彼らはイスラエル人を泥棒であると思い描くことによって、自らの身を泥棒に狙われるうらやむべき地位に置くことになる。ユダヤ人がフランスを盗もうとしているのだから、フランスは彼らのものであるというわけだ。こうして彼らは、自らの所有者としての資格を手に入れる手段として反ユダヤ主義を選択したのである[14]」。

憎悪と拒否の対象は代わったが、同じメカニズムが作動し続けている。移民者、移民労働者、イスラム教徒などが「われわれの仕事を盗み」、「われわれの女を盗み」、「われわれの領土に侵入している」というわけだ。盗まれるという恐れから発する恐れの蔓延、ヨーロッパ政治を構成するこの強力な情動がレイシストをつくっている。サルトルはレイシストをこう定義する。「それは恐れを抱く人間である。ユダヤ人を恐れるのではない。自分自身、自分の意識、自分の自由、自分の本能、自分の責任、自分の孤独、自分の変化、そして社会や世界を恐れるのである。言ってみれば、ユダヤ人以外のすべてを恐れる人間のことだ[15]」。持たざる者やわずかしか持たない幾百万もの人々が、株式市場の「狂乱」によって自分たちが持っているわずかばかりの金を失うという現実的可能性に直面して、自分たちが物質的・精神的に「持っている物」を守るために国家や民族的アイデンティティや主権と幻想的な自己同一化を図ろうとするのである。

資産家の政治的離脱

金持ちはわれわれに戦争をしかけようと決めたのだ。［…］私はパリの金持ちとつきあいがある。彼らはなにごとにも無関心である。スペインでは六〇歳になったら、時給二・六ユーロで働かねばならないと言っても、彼らは洟もひっかけない。彼らはそんな世界は折り込み済みなのである。彼らの頭の中では、そんなことは解決済みなのだ。貧乏人にとっては厳しいだろうが、なんとかするだろう、［…］金持ち同士でぬくぬくと暮らそう、くたばりたいやつはくたばればいい、というわけだ。私は金持ちはものごとがわかっていないだけだと

（14）Jean-Paul Sartre, *Réflexions sur la question juive* (1946), Paris, Gallimard, 1996, p. 29.〔ジャン＝ポール・サルトル『ユダヤ人』安堂信也訳、岩波新書、一九五六年、二五頁〕
（15）*Ibid.*, p. 62.〔同前、六〇頁〕

思ってきたのだが、ここにきて考えが変わった。彼らはもっと悪い。わかっていてやっているのだ。彼らは人々がどん底に落ちることを望んでいるのだ。彼らは労働者を人間としてではなく、たかだか適宜処理すればいい問題だと見ているのである。

ヴィルジニー・デパント

新しいファシズムは、ひとえに人種、性、階級の位階序列を強化するだけである。その政治的戦略は新自由主義となんらかわりない。この新ファシズムの使命は新自由主義とのありもしない対立を戦うことではなく、新自由主義の政策の基盤にある政治的企図を最後まで貫徹することである。

マルチチュードによる「脱出」（ネグリ）、あるいは人民による「離脱」（ランシエール）について語る理論とは逆に、逃走を組織し、社会からおのれを「分離」しているのは資本にほかならない。資本が「一緒に生きる」ことに配慮したためしはない。資本はいまや何のためらいもなしに、その目的を意識的に追求している。すなわち、自らを労働者や貧者や持たざる者から政治的に自立させ独立するということである。少なくとも政治的にということだ。なぜなら「経済的観点」からすると、資本は彼らを必要とするからだ。しかしそれは、プランテーション経営者が奴隷を必要とするのと同じことだ。新自由主義は雇用を軸にしたフォーディズム的契約を破棄した。組合や労働運動は、規範や規則、労働の権利、社会保障への権利といったものに執着したが、それらは漸進的に破壊され、交渉不可能な隷属的労働関係に席を譲った。ブラジルやアメリカなどにたくさん存在する〈ゲーテッドコミュニティ〉〔防犯のため部外者の立入りを制限している塀で囲われた住宅地〕は、こうした不安を催させる「社会ヴィジョン」の一端を示すものにほかならない。

新自由主義が全面展開している国アメリカでは、「マイノリティ」（黒人、ラテン系、女性）は貧困化し、不安定雇用に追いやられ、住居や生活環境はゲットー化し、医療援助や年金は奪われ、過酷な人種戦争のターゲットにされ、多数が投獄されている。しかも、この現実は白人の労働者階級や中産階級にまで及んでいる。これがトランプの成功の源にあるものであり、トランプは彼らに実現不可能な社会的・人種的・性的優位の復権を約束しているのである。

持てる者の離脱状況のなかで、民営化は社会的リスクに対する保障政策を、不平等を拡大する装置へと変えた。民営化はフーコーが「生権力」の装置と呼ぶものの機能を根底的に変えたのである。一九七〇年代以降、民営化は、民衆が二百年にわたる革命闘争で蓄積した政治的「潜在力」を解体し、その力の表現としての健康、教育、年金、失業保障といったものへの権利を無効化するために使われた。以後、こうした権利へのアクセスは所有と世襲財産に依存することになった。

地球上の大多数の人々にとって、生政治は、人々がおのれを再生産するために必要な最小限「不可欠」なものを確保するものでなくてはならない。しかし〈社会福祉〉が他の場所よりもまだ持ちこたえているフランスでも、経済政策は新しい「第三階級」——すなわち交通、病院、スーパーマーケット、さらには最小限の葬儀といったものへの権利だけは持っている貧困階級——をつくりだした。すなわち、それは人々を三つの階級に分割し（さらにこれをもっと微細に個人化し）、大多数を貧困化させ、ごく一握りの者を富裕化させたのである。新自由主義政策は、その謳い文句とは裏腹に、人材とか自己生産企業家を創出したのではなく、大多数を「働いても貧乏」という状態に追いやり、「ワーキング・プア」を生み出したのである。

人々の管理や規制はもはや統合によって行なわれるのではない。それは生政治ではなく社会的隔離（資本の政治からの離脱の別名）によって行なわれるのである。社会は再び世襲的なものとなった。金利生活者がバルザックの小説のなかと同様に君臨する。賃金生活者は、経済から「独立した変数」としてのステータスを獲得したのち、革命のサイクル以前と同様に、単に利潤変動を調節するための変数となり、「最低生活」へと向かわざるを得なくなった。しかし賃金収入の不平等は、いまや植民地からの上がりではなく、金融装置によって増殖する世襲財産の不平等と比べたら、たいしたことではない。

二十一世紀の初め、すでに新自由主義政策の第一段階によって荒廃させられていた主体性に深い影響を与える出来事が起きた。二〇〇八年の金融システムの崩壊である。これが二重の「主体性」の断絶を招き、社会のネオファシズム的転回（あるいは「革命的」ラディカリズム）にとって好都合な、直接的に政治的な不安定化の強度が増す局面を開いた。まず第一に、負債の「危機」によって、「人間を資本とする」所有と競争の個人主義の座礁が明らかになった。そしてそれは、過剰な公的支出の責任者として有罪化された「負債人間」の主体的相貌を浮上させた。第二に、富と世襲財産の集中という新自由主義政策の深化に伴って、負債人間の幻滅、恐れ、苦悩といったものが主体性の転換をもたらし、それが彼らをネオファシズム、レイシズム、セクシズムへと、さらにはアイデンティティや民族主権主義に依拠した原理主義へと向かわせることになった。

したがって現代の自由主義は、ミシェル・フーコーが『生政治の誕生』のなかで自己生産企業家の社会という協調的イメージを与えたものとはほど遠いのである。それはフーコーの言うような「差異の最適化」とか「個人やマイノリティへの寛容」に譲歩した「余すところなく規律化した」産業社会などではない。こんな牧歌的環境はどこにも誕生しなかったのである。われわれは差異の最適化やマイノリティへの寛容などからはかけ離れたところにいるのであり、またフーコーによると新自由主義権力の精神分析的解釈であるジャック・ラカンの「資本家の言説」――権力の要請は「君は服従しなくてはならない」ではなく「君は享楽しなくてはならない」である――に従うことなど不可能なところにいるのである。

享楽というのは、今日、トランプが、「白人」を脅かす人種（黒人、ラテン系、アラブ系）に対して〈白人性〉を擁護してアメリカ白人にもたらそうとしているものである。あるいはまた、それは、ネオ保守主義運動が白人が失った権力や家族秩序、異性愛中心主義を取り戻すことを約束するさいの男たちの享楽である。ヨーロッパでは、イスラム（教徒）がパラノイア的な心的エネルギーの注入の対象になり、新自由主義が四十年にわたって生み出したルサンティマンのあらゆる形態の対象になっている。

民衆に対する戦争とその付属物（レイシズム、ファシズム、セクシズム）の論理はこの時代の特徴である。ネオファシズムの強度の増大、人種差別や性差別の言葉や行動の自由な流通は、たいした問題も起こさずに新自由主義的統治構造のなかに統合されているように思われる。なぜなら、それらは同じ資本主義戦争機械の特徴を帯びているからである。

「金持ち」の政治的離脱計画の前進、それを防ごうとする勢力の無力といった環境のなかでは、民主主義はなんら有効ではない。代表制民主主義は新自由主義とともに「危機」に陥ったのではない。民主主義を実現し正当化するはずの立法権力は、第一次世界大戦以降、行政権力によって無力化され始めた。産業戦争は行政権力の再構成なしにはうまくいかない。行政権力は敵対行為をやめさせるだけにとどまらず、議会を真の立法権力たる行政権力の政令を批准したり正当化したりするだけの付属物の位置に追いやっていく。しかしこの分析はここまでにしよう。そうしないと、カール・シュミットとジョルジョ・アガンベンの通った轍《わだち》にはまることになるだろう。二十世紀は新自由主義がまったき姿で実現した「政治的なもの」の新たな現実を表わしている。あらゆる法治システムにおいてそうなのだが、行政権力が資本の戦争機械の決定の中心に位置している。行政権力は、金融資本の「生命力」(働きかける力)を増大させるための「政令」を実行し、批准し、正当化するのである。

自由主義者たちは、民主主義は資産家のためのものであるとつねに考えてきた。彼らは権利は所有に応じて変わると見なしてきた。革命こそが平等を課し、「万人のために」政治的・社会的権利を勝ち取ったのである。資本主義はどんな政治システムのなかでもうまく機能することができる。立憲民主主義国家においても、中国やロシアのような権威主義的中央集権主義国家においても、はたまたファシズム体制においても。しかし資本は民主主義と必然的に両立するという考えは、否定され続けてきたのである。

戦争と流通

ポスト六八年の諸運動は、一九七〇年代の末から、戦争、内戦、革命といった問題を俎上に載せなくなる。戦争や革命といった概念を「敗者」は放棄したのである。状況はあたかも戦争が生産、民主主義、消費といったもののなかに組み込まれ、統合され、余すところなく鎮静化したような趣を呈している。また革命と言えばテクノロジー革命（自動車、情報機器、ロボット技術など）だけを指すような空気になっている。「平和」と資本主義の歴史的勝利が混同されているのである。また戦争の「終焉」と革命の敗北が混同されてもいるのである。しかし、二十世紀の勝利と敗北を主題化することなしに、資本主義の機能変化、その新自由主義的焼き直し、ファシズムの新形態の出現などを理解することは不可能なのだ。なぜなら、こうした変化をつくりだしたのは、階級間の戦争における「勝利」にほかならないからである。

一九六〇〜七〇年の曲り角における政治的敗北は、理論的敗北でもある。第一の犠牲者は、この革命の世紀に重要な理論的・政治的道具を提供したマルクス主義であった。労働者階級と同一視しがたい政治的的主体（脱植民地化運動、フェミニズム運動など）の出現が、ヨーロッパ・マルクス主義の革命的主体の概念を揺さぶった。しかし、一九七〇年代に起きたマルクス主義の急速な崩壊の理由は、まず総力戦のなかに求めるべきである。第一次世界大戦はボリシェヴィキによる権力奪取の機会になった。しかしまた、それは資本主義の機能のラディカルな変動の起源でもあった。そしてこの変動は第二次世界大戦や冷戦に引き継がれた。しかしマルクス主義者は資本主義者とちがって、この激変を把握することができなかった。

この二つの総力戦は、革命的断絶の基盤である「生産」——なぜなら生産は革命を実現しうる主体を生み出すから——のマルクス主義的概念に影響を及ぼす。生産は総力戦のあと、マルクスが定義したのとは根底的に異なった姿をとることになる。「革命」の主体についても同じことが言える。生産は流通の一部となるのである。生産は、冷戦を起点として、商品の流通（物流システム）のモメントにすぎなくなり、さらに新自由主義を起点として、お金の流れ（金融）や情報の流れ（マスメディア、デジタル産業）のモメントにすぎなくなる。もっと一般的に言うなら、フェミニズム理論が示唆したように、生産は「社会的再生産」の一部にすぎなくなる。生産は、支配－被支配現象の総体と戦略的対立を再生産しコントロールする動きに従属するようになるのである。

物流システム（ロジスティクス）は、労働の組織化と戦争の組織化が持続的に結びついていること、すなわち現代の資本主義とその世界市場の基盤には市民的なものと軍事的なものが分かちがたく結びついていることを、金融や情報よりもさらに完全な仕方で明るみに出す。(16)

生産は、資本蓄積の新たな時空間を形成する世界的な「流通」ネットワークと、国民国家とその国境を横断するかつてない戦争様態とのあいだに押し込まれている。商品やお金や情報の流通ネットワーク全体だけでなく、社会的再生産のネットワーク全体も、「世界的社会工場」の戦略的基軸となっている。つまり、国民経済は超国籍資本主義機械として再組織化されているということだ（諸国家はその機械の建設に当然のごとく貢献している）。資本主義者は、すでに一九五〇年代の末から一九六〇年代の初めにかけて、生産－分配－流通を世界市場において組み合わせることを考えていた。資本主義者は、さまざまな流通と生産の統合的流れの「全コスト」から「価値」を考え価値化を計算する。物流システムのおかげで、工場は地球上の多様な領土のあいだに断片化され、分散し、つながることができる。したがって、たったひとつの商品のなかにも、地球上のさまざまな場所で生産された多数の要素が包含されているのである。マルクスは工場を「価値の連鎖の原動力であり起点である」と規定したが、今日、商品は、ひとつの空間ではなく物流システム空間を通して作られるのである（マルクス主義者は物流システムの論理と機能をよく理解することができないが、それは物流システムの二重の起源——ひとつは、植民地における奴隷貿易と商品の流通、もうひとつは、戦争わけても産業戦争——が、マルクス主義者のヨーロッパ中心の産業重視理論を根底から揺るがすものだからである）。

地球全体を搾取する外延的《エクステンシヴ》グローバリゼーションと、社会全体を搾取する内括的《インテンシヴ》なグローバリゼーションは、二十世紀前半の「戦争経済」を「民生経済」の次元に置き換えたものである。

現代資本主義の母体は、破壊のための産業生産――原子爆弾を用いた潜在的に「全面的」な破壊――のために全社会勢力を動員して戦争をグローバル化することである。すでに起きた全面戦争としての二つの総力戦は、資本と戦争との、生産と権力（当時は国家権力）との分かちがたい戦略的統合を示している。

今日、資本が労働力に対して獲得している大きな前進は、一九五〇年代の末から一九六〇年代の初めに始まった。それは、資本家が総力戦によって設置可能となった生産の二重の社会化を統合しながら、「生産はどこで終わりになるのか？」と自問したときから始まったのである。この問いへの答えは、第二次世界大戦中のアメリカ軍の経験のなかに見いだされた。すなわち、（戦争のための）生産には限界はない、なぜならそれは「国民国家」の活動と一体化し、生産の空間は地球全体と一体化するからである、ということだ。コーウェンは次のように説明している。「昔からある兵站《ロジスティクス》の軍事技術が、世界的規模の社会的工場の建設に根元的な役割を果たした。［…］企業は第二次世界大戦中、兵站《ロジスティクス》に関心を持ち始めた。大戦中、世界中の至るとこ

（16）この点については、Deborah Cowen, *The Deadly Life of Logistics: Mapping Violence in Global Trade* (Minneapolis, University of Minesota Press, 2014) を参照。この本はすぐれて模範的なもので、ロジスティクスに関するすべての引用はこの本からである。この本を教えてくれたのはCarlotta Benvegnùである。

ろに多くの人間と物資を送り出さなくてはならなかったのだが、企業はそこに関心を持ち始めたのである」。

戦争は単に価値観の系統的連鎖モデルの戦いではなく、資本の循環の現代的機能に不可欠の要素でもある。なぜなら、ロジスティクスの超国籍的次元は、もはや国民国家に収斂されない「安全保障」モデルを必要とするからである。それはロジスティクスの単純な軍事化ではなくて、企業と軍隊によって価値化と「安全保障」との関係の新たな構想を共同生産するということである。アメリカ軍は膨大な生産的、テクノロジー的、科学的経験だけでなく、総力戦と冷戦のあいだにに獲得した軍事的経験をも「民生」のために提供した。金融操作においてもイニシアティブをとるのはつねに国家であるが、問題はこうした「知識」がどういうふうに民間企業に移し替えられるかということである。

国家と国境は、民族の「内側」と「外側」を決定しながら、警察的行動と軍事的行動、戦争と平和、戦争とテロリズムといったもののあいだの分割の基盤を確立する。金融とロジスティクスの超国籍的機能は、この分割とりわけ民生と軍事との分割をかき乱す。グローバリゼーションの「安全保障」は流通と生産の関係をひっくり返し、民生と軍事の結合、企業と軍隊の結合（正規軍や傭兵による）によってしか保証されない。「単に連携だけでなく連携の速度に依拠したシステムにとって、国境の安全保障は食料補給線の不安定の原因になりうる。食料補給線の安全保障の中心的課題は商品の流れの保護であり、それを支える輸送インフラとコミュニケーションの流れである」。

ロジスティクス（商品の輸送ならびに情報の伝達の管理）はフレキシブルな生産と〈ジャストインタイム方式〉の生産〔必要なものを必要なときに必要なだけ生産する〕を可能にした。地球全体に分散した労働力のグローバルな搾取を可能にしたのは「流通」である。世界的規模における労働力の搾取は資本主義を規定するものであるが、それはロジスティクスの登場によってはじめて、テクノロジー的、情報的、行政管理的、軍事－警察的な「生産」機械となる。資本はロジスティクスのおかげで、労働力の実質的包摂と形式的包摂とのあいだで立ち回ることができるようになる。つまり、固定資本（機械、テクノロジー、科学）への大がかりな投資を通して、高級労働の搾取と、近代的資本主義に属しているとは思われないような様態の肉体労働・子どもの労働・奴隷労働の搾取とのあいだで軽業的な立ち回りをするのである。資本主義は、実際には、今日も昔と同様に、「資本集約的」できわめて革新的な生産様態と「労働集約的」できわめて伝統的・暴力的な搾取様態の両方を併せ持っているのである。

流通と金融

負債はなお植民地主義者が技術顧問に姿を変えた新植民地主義の手のなかにある。帝国主義にコントロールされる負債は巧妙に組織された再征服に使われている。かくして、アフリカとその経済成長や発展はわれわれのまったく知らない規範に従属することになるのである。

トーマス・サンカラ、一九八七年七月二十九日[17]

現代の流通現象は、多くの点から見て、ミシェル・フーコーが分析した「安全保障装置」とは非常に異なっている。フーコーによると、安全保障装置はロジスティクスと同様に、流通の回路を持続的に拡大することを目的としている。それは「絶えず新たな要素、生産、人間心理、行動、生産者や購買者や消費者や輸入業者や輸出業者、世界市場といったものを統合する」のである。「安全保障」に対するフーコーの信頼（「流通を自由にまかせつつコントロールし、良いものと悪いものを選別し、それがつねに動き、移動し続けるように、たえずある点から別の点へと位置を変えるように仕向け、ただしこの流通に内在する危険がなくなるようにそれを行なうこと」[18]）は、自由主義の理論家の無邪気な誤りに酷似している。資本主義者は、安全保障装置の「危険」や「リスク」を無効化する自動的機能についてもっと用心深い。彼らは流通や安全保障が軍事と密接な協力関係にあるのはあたりまえだと考えているのである。

流通による生産の持続的拡大は、多くの抵抗や拒否、方向転換、詐取、組織化された暴力的闘争、個人的サボタージュといったものに直面する。統治政府はこれを不可視のものや予見不可能なものと見なすが、フーコーは「出来事との関係」とか「可能的出来事」、あるいは「一時的・偶発的」な闘争と呼んでいる。しかし資本主義においては、こうした「出来事との関係」は、当然にも不可視のものや予見不可能なものと連動する戦争技術と関係する。

グローバル化した生産の観点に立つなら、われわれは、新自由主義がフーコーが『生政治の

(17) サンカラはこの演説の五か月後に暗殺された。アフリカにおけるもうひとつの金融新植民地主義の装置はCFAフラン〔アフリカの旧フランス植民地の共同通貨〕である。フランスはこの装置を介してアフリカ十四カ国(さらにコモロ)の経済を制圧しつづけていて、サンカラはこの装置も告発している。「フランスの金融システムと結びついたCFAフランはフランスの支配体制の武器である。フランスの商業資本主義ブルジョワジーはこの結びつき、この金融独占を介して、われわれの民族の知らないところで財を成しているのだ」。

(18) Michel Foucault, *Sécurité, territoire, population. Cours au Collège de France, 1977–1978*, Paris, Gallimard/Le Seuil, p. 46, 67.〔『ミシェル・フーコー講義集成7　安全・領土・人口（コレージュ・ド・フランス講義1977–1978）』高桑和巳訳、筑摩書房、二〇〇七年、五五、八〇頁〕

誕生』のなかで与えたヴィジョンとはきわめて異なるものであることをあらためて確認することになる。流通を起点とした「生産」の組織化は、資本主義が労働者の地位と多様な「労働力のコスト」とのあいだの「相違」を世界的次元で「最適化する」ことを可能にする。つまり、搾取の異種混淆的様態を最適化するために、社会保障の諸システムのあいだ、そしてさまざまに異なる税制や法体系のあいだに存在する差異を活用することができるのである。

世界化した生産の統治の戦略的中心は金融であり、その「商品」たるお金は物流システム（ロジスティクス）の管理する商品とは比較にならない速度で流通する。金融は物流システムとともに、戦争ときわめて緊密な関係を持っているが、とくに民衆に対する戦争との関係は緊密で、最も恐るべき武器となる。とくに金融と物流の新自由主義的世界市場は、人種差別主義的・人種分離主義的・性差別主義的な技術を介さないかぎり人々を統合することはできない。不平等を深化させないかぎり同質化はできないし、国家間の「戦争」、階級戦争、性戦争、人種戦争を増大させないかぎり画一化はできない。

一九七〇年代における「下層階級に対する歴史的勝利」のあと、国際金融制度は、権力関係を債務者と債権者の関係として位置づける新たな戦略を発動し始める。負債戦略はまず二重の目標を設定した。ひとつは、反植民地闘争のために西洋が失ったものを取り戻すこと。もうひとつは、世界銀行の目論む「発展」の要請に屈しない反帝国主義革命闘争の生み出す主体性を制御すること。

シルヴィア・フェデリーチは、この過程を詳細に描き出している。世界銀行は一九八〇年代にアフリカで中心的役割を演じ、「初期の植民地経営」を「構造調整」と称される「特殊計画」に置き換える。すなわち「経済成長のための貸し付けと引き換えに、各国は輸入を自由化し、公共事業を民営化し、為替レートや商品の価格の調整を廃止し、公共サービスへの補助システムを一切廃止し、さらに平価を切り下げ、労働の権利や安全保障を廃止する[19]」ことになったのである。「チリの実験」はこの構造調整政策の延長線上にある。

資本の国際的大組織は、一九七〇年代から八〇年代にかけて、「アフリカの発展へのレジスタンス」を告発する。なぜなら、反帝国主義諸革命は、その政治的敗北にもかかわらず拒否の姿勢をとり、資本の目標を妨げる行動を行なったからである。「資本の法則を自然法則として受け入れることができないアフリカのプロレタリアの中心は、とりわけ民族解放闘争の真っ最中に育った新世代が担っていた[20]」。

「負債危機のプログラム化は、一九八〇年代の初めから、二十五カ国以上のアフリカの国々

(19) Silvia Federici, *Reincantare il mondo*, Verone, Ombre corte, 2018, p. 62.
(20) *Ibid.*, p. 59.

に及んだ」。それは「アフリカのさまざまな地域を負債の万力で締め付けて極貧の状態に追い込むことによって、旧植民地世界の大部分を再植民地化する」ための手段であった。「反植民地闘争の成功は負債危機のために無効化された[21]」のである。負債経済は再植民地化と「第三世界」への資本主義規範の押しつけの道具としてきわめて有効であったので、そのメカニズムは北アメリカやヨーロッパの労働者にまで拡張されることになったのである。[22]

資本主義者は集合して戦争機械を構築し、流通を起点とした戦略を立てた。したがって、「実体経済」に向き合う金融経済にとっていかなる外部も存在しなくなる。逆に、その高度な脱領土化、その速度、その持続的加速化などによって、金融経済はグローバルな規模での「生産」サイクルのヴィジョンを持てるようになる。金融の脱領土化は、二十世紀におのれが解き放った破壊的力のために課された政治的束縛から解き放たれ、「無制限にさらに多くを求め続ける」というおのれの論理に回帰して、おのれを戦略指令の特権的な場所に仕立て上げるとともに、戦争を解き放つ戦略的対立の源泉にすることになったのである。

冷戦以後の軍事と戦争

生産力ならびに資本主義の政治的転換力としての戦争は、二十世紀を通じて深い変化を被った。しかし資本主義を批判する者たちは、戦争が資本主義の組織化の要素であることをまったく無視した。[23] ソ連崩壊後、軍人のあいだで行なわれた議論から生まれた戦争の新たな位置づけのなかで、「民衆に対する戦争」という定義が、軍事戦略のみならず新自由主義の政治戦略をも説明するのに最も適切な考えであるように私には思われる。軍事戦略も政治戦略も、それぞれ異なった仕方ではあるが、民生と軍事を結びつけ、民衆に対する戦争に収束点を見いだすということである。

軍人は資本主義の変容に対して批判的知識人よりも注意深くはあるが、知識人と同様に、革命の敗北という根元的現象を無視している。アーレントやコゼレックやシュミットがそれぞれ

(21) *Ibid.*
(22) *Ibid.*, p. 90–91.
(23) この点の詳細は私とエリック・アリエズの共著を参照のこと。Eric Alliez & Maurizio Lazzarato, *Guerres et Capital*, Paris, Amsterdam, 2016.〔エリック・アリエズ／マウリツィオ・ラッツァラート『戦争と資本――統合された世界資本主義とグローバルな内戦』杉村昌昭・信友建志訳、作品社、二〇一九年〕

の仕方で描いた「世界内戦」の背景には冷戦がある（これはアメリカとソ連が心ならずも協力しあうことによって行なわれた）。戦争の変容の理由は革命の敗北のなかに求めなくてはならない。

二十世紀前半の産業戦争のあと、戦争と国家は資本の戦争機械の機能的構成要素となり始める。「奪取」、「征服」、「領有」は、もはや国家の専売特許ではなくなり、国家は「暴力とその使用の独占権」をも失う。力によって意思を押しつけるという点に変わりはないが、その手段は多様化する（経済的、文化的、社会的、テクノロジー的など）。国家の力はますます「市民的」主体によって行使されることになる。「私的軍隊、傭兵会社が存在し、大規模な爆撃と同じくらい効果的な経済的・社会的な道具が存在する」[24]ようになる。

戦争と権力の可逆性は軍人の仕事のなかで繰り返し主題となり、それは金融のなかに経済的力による拘束力を見いだす。金融は、最も脱領土化された資本形態と最も脱領土化された主権形態とを結びつけるからである。これがすなわち戦争である。金融は「弱小国の経済を破壊し、戦闘におけるのと同じくらいの犠牲者をもたらす[25]」。

問題は国家の消滅ではなく、国家が資本の戦略のなかに統合されるということである。国家はもはや自立的・独立的力として機能しないということである。国家はおのれの力の及ばない別の力と「パートナーシップ」を組み、そのパートナーシップの戦略におのれを従属させることによって「おのれの力」を発揮するのである。そうした戦略的観点から見て、最も大きな「破壊的」効果は、経済的とりわけ金融的な起源に発するものである。

今日、軍人が戦争について考えるとき、彼らは、われわれの頭にこびりついている総力戦の時代のような、国家間の対立、正規軍、「前線」といったようなものを想定しない。国境のような前線は移動し、軍人と市民がまざりあった「平和的」な国家の領土のなかに内部化している。そして軍人の標的は世界の民衆なのである。

総力戦はグローバル戦争に姿を変えたのだ。戦争はグローバリゼーションのもうひとつの顔であり、世界市場における「市民的」活動の軍事的相貌なのである。戦争は恒常的かつ断続的なものとして、いつなんどきでも勃発するが、それはつねに民衆に対する戦争を背景としている。シリアの戦争、移民の統制の戦争、〈福祉〉の民営化の戦争、といったものはもちろん同じではないかもしれないが、そうした戦争のあいだには連続性、一種の政治的横断性が存在する。つまり、現代資本主義においては、戦争はつねに本質的に内戦であり、民衆に対する戦争であるということだ。資本の戦争は、国家の行なう戦争とはちがって、主権の確立や拡張を基

(24) Fabio Mini, *La guerra spiegata a...*, Turin, Einaudi, 2013.
(25) *Ibid.*, p. 74.

盤としているわけでも目標としているわけでもない。資本の戦争は、人間的なものや非-人間的なものを価値の生産に従属させることを基盤とし目標としているのである。世界内戦が国家間の戦争よりも優先するのは、ひとえに資本の政治的ヘゲモニーによるのである。資本の戦争機械は、シュミット的戦争（国家、民衆、運命）ではなく、生産や統治の法則への従属が革命へと逆転しかけるときに敵を見いだすのである。グローバル戦争の拡張は世界市場の拡張に対応する。したがって、武装衝突をしていないからといって、「われわれは戦争中なのではない」と言うことはできない（「戦争はしていない」ということの言明は、植民地時代から引き継いだものである。ヨーロッパが平和になったとき、ヨーロッパ人が植民地で行なった戦争を無視して、この言明を行なったのである）。

「戦争は武装闘争ではあるが、武器はいわゆる武器だけではない［…］。闘いは効果的でなくてはならないが、状況の指標は単に軍事的なものとはかぎらない［…］。闘いは広がりを持つが、その〝広がり〟は、闘いが当事者の主権や政治的共同体にどんな影響を与えるかによってしか測ることはできない［…］。この広がりをごまかすと、NATOのいかなる国も戦争をしているという自覚を持たなくなる。彼らの軍隊が地上全体で戦っているにもかかわらずである⑳」。われわれはこうした現代の戦争のなかに、二つの世界戦争のあらゆる特徴を改めて見いだすことができる。「もともと時間的、空間的、手段的に限定された例外的現象であった戦争が、全面的、非対称的、恒常的なものになった」のである。

ミシェル・フーコーは、社会関係を「内戦」を通して把握しようとしていた――ただし、二十世紀における二つの世界大戦やヨーロッパの内戦を考慮に入れることなしに――時期（一九七一～一九七六）、自分がインタビュアーを務めたあるインタビューのなかで、軍人と同じ結論に達している。「問題は、軍隊の役割が本当に戦争をすることにあるかどうかということです。というのは、よく考えてみれば、歴史的に見て軍隊が軍隊として特化すればするほど、戦争は軍隊の専売特許ではなくなり、政治的、経済的な現象になって、住民《ポピュラシオン》の生活全体を包み込むことになるのです[27]」。

ここで住民《ポピュラシオン》という概念は、フーコーの政治的立場を表わすものとして問題となる。フーコーの立場は、六八年以後の時代の政治的感性のひとつの徴候を表わしているように私には思われる。二十世紀の大部分において、政治的問題は住民や住民の「生活」の問題ではなく、階級、植民地化された「民族」、そして彼らの革命といった問題であった（「ユダヤ－ボリシェヴィズム」に対するナチスの戦争においても、ユダヤ人は「幻想の」敵であり、真の政治的危険は革

（26）*Ibid.*, p. 39.
（27）Thierry Voeltzel, *Vingt ans après*, Paris, Verticales, 2014, p. 150.

命から来るとされていた)[28]。しかし資本の勝利は、武装した階級や民族を住民に変える。つまり、勤労者大衆、失業者、非行者、狂人、移民者など、革命的ではないが「危険な」存在に変える。統治が内戦の問題になる、つまり勝者の場所と敗者の場所がすでに決まっている「住民の内部の戦争」の問題になるのは、ひとえに革命が敗北したからなのである。

世界的規模における内戦の生政治への変容(住民の内部の戦争)によって、内戦は「敵」のいない戦争となる。なぜなら敵は革命とともに消滅したからである。階級が住民のなかで解消されるのに伴って、権力が革命ではなく「危険」や「リスク」、「カオス」の温床として見つけようとするのは「テロリスト」である。この住民管理としての戦争には始まりも終わりもない。また勝利も敗北も無関係である。なぜなら、力関係が資本に圧倒的に有利なかたちで非対称的に確立し安定しているからである。打ち負かすべき敵は存在せず、ただ統治対象としての敗者、や、無力化の対象としてのテロリストしか存在しないのである。ただ敗者は、生政治や統治への従属を戦略的な対立に変えることができればいつでも政治的敵になりうる。この不安定な土壌に「安全保障技術」が介入する。この技術は起きてはならないこと(急変をもたらす出来事)を前もって防ごうとするものであり、そうであるがゆえにその介入の仕方は多岐にわたる。

グローバル戦争は住民に対する戦争と同様に、平和とは無関係である。あるいは言い方を変えれば、平和は「別の手段による戦争の継続」[29]である。生政治や統治を概念化する以前のフーコーにおける戦争と権力の入り組んだ関係に平和は登場しない。それは一九八九年以後に書かれた軍人の著作における軍事と民生の理論化においても同様である。フーコーと軍人は第二次大戦後に生じた変化、そして新自由主義とともにさらに顕著になる変化を見据えているのである。すなわち勝利は「平和」の時代に通じることはないということだ。それは逆に、不安定の再生産に通じるということである（これは経済の状況的「危機」が恒常化するのと同じことである）。

戦争の裏面としての平和を排除した戦争の定義は、革命的マルクス主義の弁証法的な戦争概念に対する暗黙の批判をもたらす。毛沢東においても、戦争と平和はなお、「対立する両者のアイデンティティ」が逆転する可能性を有するという弁証法的関係をなしていた。ところが、冷戦以降、戦争と平和は弁証法的に対立すること、互いに入れ代わったりすることをやめる。

(28) フーコーは生政治とナチズムの関係を論じるとき、なぜか二十世紀前半の最大の出来事（一九一七年）を取り上げない。「ソ連革命のインパクトはドイツに他のいかなる国よりも大きな影響を与えた。その後数十年にわたって歴史を規定した政治的分断線は、歴史的対立を孕みながら、二つに分かれた人民の希望、憎しみ、恐れを結晶化させた」(Donatella di Cesare, *Heidegger, les Juif, la Shoah, Les Cahiers noirs*, trad. fr. G. Deniau, Paris, Le Seuil, 2016, p. 222)。

(29) Fabio Mini, *La guerra spiegata…, op. cit.*, p. 35.

戦争と平和は互いに逆立的に同じアイデンティティの持ち主として向き合うことをやめるようになる。否定はもはや弁証法化されえなくなる。否定は否定なのである。こうして根元的な不安定性が定着する。ここから、民生と軍事を結びつけ、戦争と権力を「住民に対する戦争」として結びつける統治技術を構想する必要が生じる。警察がこの管理をするのに最適の制度である。なぜなら、平和か戦争かの不明瞭、暴力か権利かの不明瞭が、このような状況の基盤にあるからである。かつてベンヤミンはこう述べている。「かくして、〝安全を保障するため〟と称して、状況が法的に不明瞭な多くのケースに警察が介入することになる。もちろん警察が法の目的などまったく無視して、行政命令によって、あるいは単に監視のために、市民を強引に拘束するケースがあることは言うまでもない[30]」。

この戦争の顕著な新しさは、それが向かっている方向性のなかにある。すなわち、新自由主義資本主義のエリートたちが新しいファシストに譲歩せざるを得なくなっているということだ。新自由主義とともに生じたファシズムの変化は、住民に対する戦争の新たな変化と軌を一にしている。その強度はそれに対するレジスタンスの力に依存することになるだろう。歴史的ファシズムが総力戦の延長であるとするなら、新しいファシズムはむしろ、住民の内部の戦争の様態によって特徴づけられる。

「権力」の概念における「平和化」

あらゆる契約の出発点は到着点と同様に暴力である。法を措定する暴力は、契約のなかに直接姿を現す必要はない。法的契約を保証する力が暴力から生まれているかぎり、暴力は契約のなかに暴力的に居座っているというよりも、契約のなかに表象されて存在しているのである。制度のなかに暴力が潜在的に存在しているという意識が失われたら、制度は危機に陥るだろう。

ヴァルター・ベンヤミン

戦争についての判断は資本主義や資本主義に対する闘争についての判断を伴う。なぜなら、あらゆる戦争は最終的に内戦だからである。六八年以後のすべての批判的思想において、資本主義と権力は内戦とは切り離されている。このことは、当然にも、革命について再考する可能性を排除してしまう。しかしそれだけでなく、戦争の編成装置としてのファシズムやレイシズ

(30) Walter Benjamin, « Critique de la violence », *Œuvres I*, Paris, Gallimard, 2000, p. 224.〔ヴァルター・ベンヤミン『暴力批判論　他十篇』野村修編訳、岩波文庫、一九九四年、四四頁〕

ムやセクシズムを再考することをも排除することになる。

現代の批判的思想は逆説的にも、二十世紀の戦略的対立の鎮静化を行なう。この思想は、革命に対する資本の勝利によって規定された新たな形状を前にして、民生と軍事の相互浸透を組み入れることができない「資本主義分析」（六八年の思想を標榜するほとんどすべてがこれに当てはまる）と、フーコーのように一時期権力と戦争を統合したが、結局戦争が資本機械の一構成要素にすぎないことを見て取ることのできない分析とのあいだを揺れ続けている。これらの理論からわれわれが受け継いだ権力概念をもってしては、資本主義の戦略と新しいファシズムの台頭を把握することができないのだ。

フーコーは権力の概念を最もよく刷新した人物だが、他方で新自由主義の内部における権力の機能からもっとも遠ざかった思想家でもある。つまり、彼は統治の概念を通して、まさに統治が人やものに直接及ぼす暴力を隠蔽することになったのである。日常生活の骨組みを構成する諸関係のミクロ物理学のなかに根付いた非法律的な権力についての彼の概念は、新たな社会運動の理論的・政治的構築に多大の影響を及ぼした。「生権力」や「生政治」さらには「統治」といった諸概念は大成功を博した。なぜならそういった諸概念は、新自由主義の真言《マントラ》としての「統治技術」の概念や実践に取って代わるものを体現しているように思われたからである。

この諸概念に立ち戻って考えることは重要である。なぜならフーコーは、戦争と革命を排除することによって研究を前進させ、生政治を住民の生活や力を中心に置いた装置に仕立て上げたからである。つまり生政治を主体や自由や安全の生産のためのポジティブな力として規定し、ネガティブな性格（暴力、抑圧、戦争といった）をいっさい失くしたコントロール技術に仕立て上げたのである。死の政治《タナトポリティック》（これは生政治の裏側であり、確立しきれていない概念である）はしだいに姿を消していき、「統治」よって置き換えられる。統治概念は生の管理技術にバックグラウンドを提供し、彼の分析のなかにまだ残っていた戦争の概念を消し去っていく。

フーコーは執拗に権力の技術を「生産的」なものと規定し、われわれに「抑圧的」な権力、破壊的な権力、好戦的な権力といった権力概念を警戒するように注意を促しているが、それはわれわれの新自由主義体験にはまったく対応しない。実際、とくに二十世紀の末以降、戦争、ファシズム、レイシズム、セクシズム、ナショナリズム、新自由主義的「改革」といったものが、権力の抑圧的・破壊的で「ネガティブ」な性質を明示してきたのである。ドゥルーズはフーコーの言う権力の諸関係は単なる暴力とは異なると指摘している。権力は人そのものに対して作用するのではなく、人の行為、人の「可能性」に対して作用する。つまり権力は行為という領域を構造化することによって機能すると言うのだ。権力はおのれが作用を及ぼす主体を「自由」のままにし、権力の「要請」に反応し応答することができるようにすると言うのだ。暴力というのは、逆に、ものや人そのものに働きかけ、あらゆる可能性を閉ざすものである。

権力は「暴力をふるったり」「抑圧したり」するものではない。権力はむしろ、促し、呼びかけ、働きかけるものである。それはたしかに本当かもしれないが、フーコーが『生政治の誕生』のなかで自由主義のものとして描いている権力諸関係の一部にしか該当しない。また、フーコーのこの分析は新自由主義の指導者たちの立場には妥当しない。すでに述べたように、彼らはファシズムや独裁の必要性、あるいは自由（私的所有）を守るための戦争の必要性といったものを決しておろそかにしていないのである。

たとえば工場の規律にかかわる資本主義権力は、「間違いや損害」を対象とするのではなく「潜在的行動」を対象とする、とフーコーは言う。[31] 権力はいわば行動が姿を現わす前に介入するというわけだ。似たようなことだが、生政治の技術は、ものごとが起きようとしている場所において、「起きるかもしれない一連の出来事に応じて」発動される。[32] 権力は「起こりそうなことをつくる」行為のなかにあるということだ。これはまさしく今日シリコンバレーの大企業（グーグル、アマゾン、フェイスブックなど）が行なっている言説にほかならない。これらの企業は、「与件」を想定して、これから起きる可能性のある行動に働きかけるのである。

しかし、こうした規定にこだわりすぎると、権力の行使についてのヴィジョンに欠損が生じることになるだろう。権力は、ある行動を別の行動に対して行なうだけではない。権力はまた、別の行動に働きかける代わりに、力や暴力によって、人そのものや物（非-人間的なもの）に直接働きかけることによって、おのれの意思を強制するものでもあるのだ。生政治の技術においても工場においても、二つのタイプの暴力（潜在的行動に働きかけるものと物や人に働きかけるもの）が共存している。そうした暴力を受けている者（工場労働者、移民、女性など）は、そのことをよく知っている。資本は、人や物や生き物を破壊しないかぎり生産することはできない。「行動に対する行動」についての分析にとどまっているかぎり、資本主義における権力について「近代主義的」で不十分な概念規定しかできないだろう。というのは、資本主義における権力の存在と再生産は、階級、人種、生などにかかわる暴力を前提しているからである。資本主義の「本性」に由来するこうした諸関係は、資本主義の権力行使の技術の展開とともに消え去るものではない。この権力行使の技術が機能するためには、人や物に対する暴力が必要とされるのだ。

ギャリー・ベッカーのフーコー解釈を例にとろう。ベッカーは刑罰・刑務所政策の近代化促進者であり刷新者であるが、「規律社会」から〈ソフトパワー〉の時代への移行期としてのわ

（31）Michel Foucault, *Le pouvoir psychiatrique. Cours au Collège de France, 1973–1974*, Paris Gallimard/Le Seuil, 2003, p. 53.〔『ミシェル・フーコー講義集成４　精神医学の権力（コレージュ・ド・フランス講義1973–1974）』慎改康之訳、筑摩書房、二〇〇六年、六六―六七頁〕

（32）Michel Foucault, *Sécurié, Territoire, population, op. cit.*, p. 22.〔前掲『ミシェル・フーコー講義集成７』二五頁〕

れわれの時代をよく体現している人物である。「社会は徹底的な規律システムに従う必要はまったくない[33]」のであって、刑罰政策は、「何を犯罪として受け入れるべきか」、あるいは「何を犯罪として受け入れられないのか」といった新たな質問に応答しなくてはならない。この犯罪についての新たな問題設定は新たな方法論の必要性をもたらすが、新自由主義者はそれを経済学のなかに見いだす。フーコーはそれを次のように要約している。すなわち「刑罰行動」は、犯罪者が時の統治政権による刑罰政策の変化への「応答」として行なう「勝つか負けるか、得するか損するかのゲームへの働きかけとなる」ということだ。

ベッカーの立論（犯罪者は「利益」の最大化の論理に則って行動する）は、人類史のなかで最も多くの「規律主義」による監禁をもたらしたこの四十年の抑圧政策の現実から見たら、お笑い種でしかない。アメリカ合衆国では、刑務所に入れられた人口は、一九七〇年以降、五倍に達している。アメリカの囚人（二百二十万人）は全世界の囚人の二五パーセント近くにのぼる。アメリカの全人口が世界人口の五パーセント以下なのにである。アメリカは「人材」の新しい指標に合致しない人間を大量に投獄したのである。しかしそれは、もっと大ざっぱに言うなら、アメリカの実質的憲法〔権力構成体〕の基盤にある「人種戦争」政策によるものである。新自由主義は階級戦争を背景としてこの人種政策を再起動し、「経済権力」を確立したのである。「人材」政策に対しても同じ批判を適用することができる。「人材」政策の真の標的は賃金労働力であり、賃金労働者がリスクやコストを自己責任で引き受けるようにすることである。個人化、貧困化、罪責感の植え付けといったものが、「人材」政策の根もとにあるのである。

さらに、フーコーの主張する権力の「生産性」という概念は、政治的誤解に通じるものである。たとえば、「行為遂行的発話」対「行為遂行的発話」（バトラー）あるいは「生産」対「生産」（ネグリ）さらには「創造」対「創造」（ガタリ）といった一面的思考対立の幻想がそれである。否定の弁証法から脱却するために、それ自体まったく弁証法的関係ではない戦争と革命を放棄してしまうのである。権力について思考する刺激となるはずのこうした「ポジティブ」で「生産的」なやり方は、逆説的にも権力を度外視した政治化を引き起こした。以後、長期にわたって視野から遠ざかったのは、権力のネガティブな様態もさることながら、とりわけ革命の問題を立論するという考えである。問題の核心は、「統治」の思想が自由主義の「統治政策」と両立するということにあるのではなくて、統治の思想が自由主義の主要な信仰を受け入れたことにあるのだ。経済、制度、統治者／被統治者の関係といったものが戦争に取って代わり、

(33) Michel Foucault, *Naissance de la biopolitique. Cours au Collège de France, 1978–1979*, Paris/Gallimard/Le Seuil, 2004, p. 261.〔『ミシェル・フーコー講義集成8　生政治の誕生（コレージュ・ド・フランス講義1978–1979)』慎改康之訳、筑摩書房、二〇〇八年、三一五頁〕

そうしたものの機能の仕方の非人称性が戦略に取って代わったのである。

戦争の概念について言うと、戦争を単に武装した敵対者同士の対決としてだけ理解してはならない。戦争はまた、資本の権力を封建社会における個人的支配の乗り越えとして一面的に解釈するマルクス主義的思考に対する批判としても理解されなくてはならない。戦争ははなくならない。戦争は経済や政治の非人称化装置のなかで溶解するものではない。なぜなら「戦争」は、権力は物や人に及ぼす暴力であるという事実の最も明白な表れだからである。

フェリックス・ガタリは六八年の思想のこの主要な欠陥を体現していて、マルクスの視点を現代資本主義にまで延長しつつ、資本の権力を非人称化と捉えて論じている。「貴族－従僕あるいは主人－徒弟といったタイプの個人現象学的諸関係は、一般的人間諸関係——それは本質的に、賃金、〝資格〟、利潤といった抽象的量化システムに基づいている——の調整を優先するために消滅する[34]」。しかし権力諸関係を非人称化する装置（金銭、賃金など）は、個人的権力諸関係なしには機能することはできない。マルクス的フェティシズム（人間のあいだの権力諸関係を物のあいだの力関係に逆転すること）は誤解の元である。なぜなら、金銭や法律などの非人称的・抽象的流れは、戦争の流れやレイシスト、セクシスト、ナショナリストなどの暴力の流れがなければ、まったく機能しえないからである。

ネグリとハートは一九七〇年代以降支配的になったこの立ち位置に合流して、「新帝国主義」

や「新ファシズム」などの到来を「一種の黙示録的ヴィジョン」として告知する諸理論を告発する。[35] そうした理論は、われわれの生活を実際に支配している本当の権力形態、つまり所有と資本に組み込まれた権力、法と制度に内在化した権力の存在を隠蔽し誤魔化すものである。権力に対して「ドラマチックあるいはデモニアック（悪魔的）」な形を付与することは無益である。権力は、それよりもはるかに普通に、法と所有の形で行使されているのだから。そう考えれば、二十世紀の悲劇的ヴィジョンは消滅する。要するに「政治権力は経済的・法律的構造に内在している」のである。かくして黙示録的ヴィジョンは「極左的」と見なされ、資本の真の権力に対抗する政治的闘争の障害物になるとされる。なぜなら、それは「資本主義を民主的な仕方で変革できなくさせるからであり」、したがって「それに反対し破壊しなくてはならない」というわけである。

ネグリとハートは、二〇〇一年の出来事のあと、「世界内戦」を「グローバル内線」と名付

(34) Félix Guattari, *Ligne de fuite*, La Tours d'Aigues, L'Aube, 2011. p. 54.〔フェリックス・ガタリ『人はなぜ記号に従属するのか――新たな世界の可能性を求めて』杉村昌昭訳、青土社、二〇一四年、六二頁〕。

(35) Michael Hardt et Antonio Negri, *Commonwealth*, trad. fr. E, Boyer, Paris, Stock, 2012.〔アントニオ・ネグリ／マイケル・ハート『コモンウェルス――〈帝国〉を超える革命論』上下巻、水嶋一憲監訳、幾島幸子・古賀祥子訳、NHKブックス、二〇一二年〕

けて蘇らせるが（しかし彼らは、それを資本を構成する要素とは見なさず、根本的に「生産的」なものと見なす）、やはり戦争の概念を放棄する。二十世紀から二十一世紀への曲り角で、資本主義は金融を選ぶか戦争を選ぶかで迷ったが、結局金融を選んだ。なぜなら「戦争状態の社会」は短期間しか機能しないからであり、中期的に見ると、戦争は「自由、コミュニケーション、社会的相互作用が絶対に不可欠な経済のなかにおいて生産性を」掘り崩すからである。

金融は国際的にも局地的にも展開し、トランプの「黙示録的」ヴィジョンに対して支柱を与え、おのれの手下（ゴールドマンサックスの銀行家たち）を支援したり、ボルソナロのようなファシストに融資して正当化することもためらわない。にもかかわらずネグリとハートは戦争は反‐経済的であると言明する。総力戦のあと、戦争はマルクス的に言うなら「主要な生産力」のひとつになり、〈ビッグサイエンス〉、先端技術、物流《ロジスティクス》などを構成するものになった。さらに戦争は、今世紀の初めから、恒常的に拡大する無視できない経済部門を構成しているのである。

ネグリとハートは自らの立場をさらにエスカレートさせる。権力は経済や法に組み入れられるだけではない。権力は非人称的指令の主体を客観的かつ「平和的」なものにする自動作用（法律、規範、技術的・科学的プロトコル）を通しても行使される、とするのだ。「そこに暴力を見いだすのはむずかしい。指令は日常化され、その力は非人称的な仕方で適用されているからだ」[36]。資本義的統制と搾取は「外部の主権権力」によって行使されるのではなく、「内部化」された「不可視」の法によって行使されるというわけである。われわれは主権による社会から脱却することになる。なぜなら権力は、自動的かつ非人称的に機能する規律と統制の装置に内在しているからである。金銭、社会規範、デジタルテクノロジーといったものがわれわれの行動や主体性を加工し、それが戦争や強制や暴力に訴えることなしに慣習化する、というわけである。

今日、ヴァルター・ベンヤミンが二つの世界大戦のあいだの時期に何に着目したかを把握することは容易ではない。しかしながら、新自由主義の出生証明書には、新たな経済、新たな法、新たな制度といったものを「措定する暴力」が刻印されている。そうしたものの機能は、それを「維持する暴力」――この暴力は「潜在的」かつ「行政的」に機能するが、最初の暴力〔措定的暴力〕に劣らず効果的だ――によって確保されるのである。下層階級に対する資本の「勝利」は一度起きたら終わりというものではない。それは日常的に再生産されるものである。金融自らが引き起こした金融崩壊から脱出することができない資本主義諸勢力を前にして、「現状を維持するための暴力」はひとつの限界を超えることになった。すなわち、それは新しいフ

(36) *Ibid.*, p. 29.〔同前、三三頁〕

ァシズムの形態をとりつつあるということだ。そしてこの維持行動は、二つの大戦のあいだに起きたように、自己破壊に陥る危険があるのだ。

さらに深堀りすると、措定的暴力と維持的暴力は連続してはいない。アノミー（法の停止）と規範（法の生産）は、政治的秩序の組織化において、二つの連続したモーメントではない。われわれは「恒常的例外状態」を生きているのではなく、例外状態と法治国家が不分明に入り組んだ状態を生きているのである。フランスでは、二〇一五年の同時多発テロ〔イスラム原理主義者による襲撃事件〕のあと、政府は「緊急事態令」を発令し、以後これは撤回されないままである。それどころか、二〇一七年末には、その措置の一部が憲法に組み込まれた。さらに「反破壊活動法」（エマニュエル・マクロンが大統領になってから四番目の「安全保障法」）が、二〇一九年二月に「黄色いベスト運動」を抑止するために成立し、法治国家と緊急事態の混交が強化され続けている。ある弁護士はこう述べている。「今日、政府と警察権力は、公共秩序の維持のために、体制の邪魔をする者や混乱の扇動者と見なされる者に対して、テロリストに対するのと同じメカニズムを使っている。例外措置がひとたび法のなかに組み込まれたら、そこに油の染みのように定着し、ついには恒常的規則になるのである[37]」。

政治的動員が活発な時期には、法治国家と司法権力はその特権を奪われる。つまり特権は警察と行政の手のなかに集中することになる（マクロンの側近弁護士フランソワ・シュローは

「政府はときにはおのれの警察の人質になっているような印象をあたえることもある」と述べている）。[38] 行政は誰がデモの権利と自由を持っているかを誰にも相談せず恣意的に決定するようになる。そしてこの「緊急事態」のなかで行なわれた決定は決して撤回されることはない。

ここでもう一度、現代の権力の資本主義的基盤にこだわらねばならない。カール・シュミットの例外状態をベンヤミンの政治神学やフーコーの生政治と結びつけようとするアガンベンには、権力の変容の根本を見落としている。というのは、「措定的暴力」と「維持的暴力」は、国家ではなく資本のなせるわざであるからだ。

（37） Patrice Spinosi, avocat au Conseil d'Etat et à la Cour de cassation, cité par Ellen Salvi, « Cette loi "anticasseurs" ne menace pas le délinquant, elle menace le citoyen » 〔この破壊活動防止法は犯罪者ではなく市民を脅かす〕, *Mediapart*, 3 fevrier 2019.

（38） 彼は次のように付け加えている。「基本的自由は失われた。このとんでもないシステムが拡張されないという理由はまったくない。いつかその日が来るだろう。一線を越えたのである。今後はすべてが可能になるだろう〔…〕。この多数派、この政府のなかの、どこに〝進歩主義〟があるのか、私にはわからない。しかし少なくとも、それは公的自由の領域にはないことだけは確かである。こうした人々は十九世紀の抑圧的体制から一直線につながっている。〝ポピュリズム〟に対する闘争と称されるものとこの種の法制化のあいだの矛盾は仰天すべきものであることを誰も見ようとしないのだ」（François Sureau, « C'est le citoyen qu'on intimide, et pas le délinquant » 〔脅かされるのは市民であり犯罪者ではない〕, *Le Monde*, 4 fevrier 2019）。

混沌《アノミー》から秩序《ノモス》への移行は、今日、二重の仕方で資本の特権となっている。つまり、「主権」と「統治」という国家の二つの機能が、国家を媒介として、あるいは多国籍企業を通して直接的に、資本の意のままになるということだ。実際、資本は法を破壊したり生産したり、失効させたり起動させたりといったことを持続的に行ないつつある。要するにわれわれは法が不分明になった状態を生きているのである。この法の不分明が例外状態を規定しているとするなら、今日、国家は決定力を持った機関（審級）ではないと言わねばならない。

「目標や標的のない権力はない」とフーコーは指摘し、さらに「選択や決定」は「個人的主体」や「大本営」に由来するのではない、と付け加えている。目標や決定は国家ではなく資本に属しているのであり、その選択は個人的主体ではなく資本機械の選択となり、かくして資本はますます大本営に似通ってくる。かつてない生産、交易、遺産、富の集中のおかげで、『共産党宣言』の言う「ブルジョワジーの共通の事業を運営する委員会」が金融資本の内部に据え付けられたように思われる。

シュミットは、「政治的統一のモデル」としての、そして「政治的決定の専有権者」としての国家は「失墜しつつある」と、一九二二年に書いている。総力戦とともに始まったこの過程は、やがて終わりを迎えた。すなわち、政治的決定の独占は資本の戦争機械の手に移るのである。二十世紀におけるこの大きな事態、国家とその主権的・政権的機能の資本への従属は、フーコーの生政治によっても、エスポジトやアガンベンの提案する新たなヴィジョンによっても、説明することはできない（キリスト教会の「経済神学」によっては資本の性質や行動を説明することはできない）[39]。

そのうえ批判的思考は、権力の機能を把握するさいに、「ヨーロッパ中心主義」に囚われている。戦争や法を度外視して「ヨーロッパ文明」を考えることはできない。また諸国家間の戦略的対立（ならびに内戦）の無制限な性質や、主権主義、憲法主義、統治主義による戦争の限定的な調整を組み合わせて考えなくてはならない。この調整は、政治哲学や法理論によっては説明しきれない装置に依拠している。なぜなら、それを説明するためには、「世界市場」やヨーロッパが幾世紀にもわたって行なってきた世界支配を念頭に置かなくてはならないからである。

(39) 問いに付さねばならないのは、「政治と生の直接的統合」ではなくて、資本が生に対して行なう統合である。資本主義においては、生は形を細分化された「剝き出しの生」ではなくて、生を構成する諸力に還元された「剝き出しの生」なのである。なんとしてでも生をその政治的形態（革命）から遠ざけなくてはならないのは、生がこれに触れたら身体的破壊が待っているからである。この〔エスポジトやアガンベンの〕理論は、すでにフーコーのなかに見出される誤解を再生産している。問題は生物学的なものではなく、諸力の（非-有機的）潜在力である。マルクスにおいては、労働力は、生物学によって規定することのできない「生きた力」のひとつであり、それに任務を課し、その潜在力を構成するためには「政治神学」とは別のものが必要である。

る。植民地主義は、単にとてつもない奴隷労働力の搾取機械であるだけにとどまらない。植民地はヨーロッパにとって、単に、略奪、蓄積、蓄財の土地であっただけではない。植民地主義と植民地は西洋の政治秩序を構成する要素なのである。ヨーロッパ諸国間の競争はつねに戦争にエカレートする危険を伴っていたが、戦争と法、無制限なものと制限されたものが、植民地と本国との地理的分割に重なり合ったときに安定する。つまり、植民地においては、力、戦争、無制限の暴力が行使され、西洋の「文明世界」においては、法と制限、主権、憲法が行使される、といった具合である。これはフランツ・ファノンが「植民地の暴力」／「平和な暴力」と対句的に解釈した二重性であり、双方は「一種の共謀関係、同質性」を維持しているのである。[40](付言するなら、フーコー的な権力の再定義は、主権、統治、憲法だけを前提としているため、植民地主義を政治秩序を構成するものとして捉えることはできない。それは権力のミクロな領域を明らかにするが、権力のマクロな世界構成は見えない)。

二つの世界大戦とソヴィエト革命によって切り開かれた脱植民地化の過程は、この西洋政治秩序の構造を吹き飛ばした。総力戦は、植民地で行使された無制限の暴力を奴隷の「分配」のための帝国主義間の対立に引き込んだ(レーニンはこれを世界支配のための西洋列強国間の闘争と定義した)。脱植民地化は、「文明」と「野蛮」の分割線に立ち向かうことによって、この政治秩序の基盤を失効させる。ソヴィエト革命は七十年間にわたり新たな東西の国境線を設けて、敵と味方の分離、文明の闘争を再構築することを可能にした。そしてその国境線の反対側で、「自由世界」もまた再生産されることになった。

共産主義の崩壊とともに、この分離、国境、敵‐味方、文明の闘争が新たな地政学的状況のなかで始まり、北と南の分離も改めてそこに加わることになった。北側はおのれの政治秩序を保証するために「人種的な弁別線」を再び持ち出そうとしているが、それは空しい試みである。そこで、この「不可能な使命《ミッション・インポッシブル》」を引き受けるために登場したのが新しいファシズムなのである。

現代の権力

人種的な弁別線を再構築しようとするくわだてが失敗するのは確かであるが、しかしそれは現代の権力の機能の仕方を把握することを可能にしてくれる。なぜなら、この現代の権力が分離しようとするものの境界線――秩序と無秩序、戦争と法、無制限と制限――は分かちがたく

(40) Franz Fanon, *Les Damnés de la terre*, *OEuvres*, *op. cit.*, p. 485.〔前掲、ファノン『地に呪われたる者』八一頁〕。

錯綜しているからである。

現代の権力の性質は移民の流れに対する管理のなかに明確に示される。ここには民生と軍事の動的編成の新たな姿も再現される。地中海では、「民生」は「軍事」と緊密に協力し、両者は、武装部隊、私兵集団、犯罪組織、麻薬密売業者、人身売買業者、臓器密売業者などと一致協力する。こうしたロジスティクスはそれ以前から発展していたが、汚職や犯罪との一体化は新自由主義の特産物である。

西洋における政治的結晶化はこの新植民地主義路線に基づいてなされたのであり、「敵」となるのは植民地化された人々の変容にほかならない。民生と軍事の密接な関係は、植民地主義があらゆる点で遠ざかっていくことを知って、これを再構築しようとする。というのは、住民の運動は単に状況的理由（貧困、戦争など西洋人の戦略的・経済的理由によって引き起こされたもの、あるいは原材料の略奪、武器売買など）によって規定されるのではなくて、新植民地秩序に抵抗する主体性が堆積した反植民地革命によってさらに深く規定されているからである。帝国主義に反対する自治や闘争の自立化への意思は、行動や態度や生き方のなかに具現化され、北側による軍事的抑圧はそれを国境線で止めることがむずかしくなる。

地中海を横切る国境線はたぶんに幻想的なものである。国境線は至るところで増殖しフラクタル化し、移民の動きに従って西洋の領土の奥深くにまで浸透し、西洋はそれを統制し阻止しようとする（留置所の設置）。国境線はこうして、移民者に対してのみならず局地的住民（郊外やゲットー、スラムなどの住民）にも適用される空間的分離技術を通して出現する。しかしながら、人々の動きを止めることができない公式の国境は、あるきわめて明確な機能を持っている。すなわちそれは新しいファシズムの主体化の場所となるのである。

住民の流れの統制と住民の階層序列化は、フーコーが言うような生政治によって行なわれるのではない。またその逆、死の政治学《タナトポリティック》――これはほとんど形而上学的な響きを持ったあまりにも包括的な用語ではある――によって行なわれるわけでもない。そうではなくて住民に対する戦争によって行なわれるのである。しかしこの死の政治学という用語は、ある意味で適切でもあるように思われる。なぜなら、それは（移民者の）物理的・身体的抹消、労働力の新たな搾取形態、差別主義的政策、〈社会福祉〉の剝奪といったものの連続性に対応する言葉だからである。死の政治学という言葉は、一方的な力、資本の容赦なき権力といった考えを含んでいる。それに対して、戦争という言葉は敵対する者同士の（潜在的あるいは顕在的な）関係を含意している。

主権権力（殺しながら生かす）と生政治（生かしながら殺す）は連続して起こる関係にはない。この二つは今日見られるように同時に共存するのである。たとえば、（移民を）「殺すこと」は本国において「生かすこと」（「生き延びさせる」と言った方がいいかもしれない）を組織するのと同じやり方で行なわれている。民生と軍事、戦争と統治は、平和とはなんら関係なしに同時に機能する技術であるということだ。

フーコーの権力概念は六八年の思想全体の限界の好例である。六八年の思想は古典的理論やマルクス主義理論などとの断絶を行ないながらも、権力装置の機能の仕方を北側中心に見ているという点でそれらの思想と同じなのである。フーコーの場合、「諸権力」の系譜学的「物語」の半分、政治的「主体」や諸制度といったものが欠落している。それは分析がヨーロッパに限定されているからである。生権力という概念は、一四九二年以降世界化した権力装置をヨーロッパを中心にして捉えたものである。住民の調整や統制を世界－経済という観点から分析するなら、征服戦争や「住民」に対する「軍事的」勝利が、この同じ住民に対する統治上の調整に先立つものであることを明言することができる。そして、このことはヨーロッパに対しても当てはまるのである。

「主権権力の象徴としての死を司る力は、いまや身体の管理と予測に基づく生の管理によって綿密に覆われている」というフーコーの言明は、明らかな誤りであるか、もしくは限界のある見方である。「世界市場」という観点からすると、この死の力の行使はヨーロッパにおいても一度たりとも停止したことはない。この力は二十世紀前半において恐るべき殺戮をもたらし、いまなおその力を取り戻しつつあるのだ。

生政治と資本——問題はいかなる生なのかということだ

六八年の思想の諸概念のなかで、生政治の概念はおそらく最も豊穣な遺産であろう。それは正真正銘の研究領域を切り開き、多くの学生を感化し、いまもなお（少なくともアカデミックな次元では）活発な議論の対象となっている。しかしながらこの概念は、その語源においても問題含みの概念である。人種差別《レイシズム》も、フーコーが生政治《ビオポリティック》と呼ぶものも、必ずしも生物学的《ビオロジック》な基盤を持っているわけではない。生物学的差異（人種、身体、性）に基づいたヒエラルキーの導入と定着は偶発的で歴史的なものである。フーコー的分析の限界を乗り越えたと自負するジョルジョ・アガンベンやロベルト・エスポジトは、一九六〇年代や七〇年代の闘争が体現している曲り角を把握していない。人種的あるいは性的な差異の「自然性」は、植民地化された人々の闘争やフェミニストの闘争によって導かれた批判によって打破された。生権力は現代の権力がとる一般的形態ではなく、現代政治の中心に「生政治的体制《レジーム》」は存在しない（エスポジトを参照）。

フーコーは「社会戦争の思想における歴史的なものから生物学的なものへの逆転」(41)をナチズムの特徴であるとする。しかし、この「逆転」自体が歴史的なものであり偶発的なものなのである。この「逆転」は、今度は二十世紀後半の諸闘争によってひっくり返される。そしてドナテッラ・ディ・チェーザレが言うように、ナチスの人種差別の「生物学的」性格が相対化されることになる。(42) 現代の資本主義においては、人種差別と生政治はもはや必ずしも生物学的基盤を持ってはいない。にもかかわらず、それらは「権力現象」をもたらし続けている。今日、人種は生物学的、発生論的に存在しているのではなく、人々の分断、分離、劣等化の技術として存続しているのである。「人種なき人種差別」が政治的、闘争的、軍事的な効果を生み出し続けている。同時に、身体、性、そして生の再生産は、フェミニズム運動によって、それが政治的・歴史的構築物であるという現実に直面している。フェミニズム運動は「生物学的差異」をわが身に引き受けながら、それを政治的争点へと体系的に変形している。フェミニズム運動は、権力が「自然化」するものを絶えず政治化し、ジェンダー、機能、女性の役割といったものだけでなく、異性愛の最後の砦としての性をも生物学的に問いに付している。

すでに見てきたように、軍人もまた冷戦後の戦略的分析において、住民の生政治的調整を屈折させ、「生物学的」基盤から脱却させている。軍人は、来たるべき争いは「住民の内部における戦争」が主となるだろう、住民は「その当事者であると同時に標的でもある」だろう、と考えている。「標的は国家ではなく住民であり」、戦争に勝つということは、住民が生きている「環境をコントロールすること」なのだ。生政治の標的としての住民は、「生物学的」観点や「人種的」観点から把握されるのではない。そうではなくて、その政治性、社会性、歴史性ににおいて把握されるのである。いわゆる生政治は戦争に従属するものとなり、その実体は内戦にほかならない。かくして、敵は元通りに復活する。すなわち敵はたとえ「人種的」な敵として設定されていても、政治的な敵にほかならないのである。

統治性がまず管理しなくてはならないものは紛争一般であるが、とくに革命の展望である。そして革命の性質は生物学的なものではない。同様に、現代の生政治において問題となる生は政治的なものであり、とりわけ資本にかかわる生である。フーコーは、「権力の政治経済学」とマルクス的な「政治経済学批判」を対置して、二十世紀前半から生じた権力行使の変容を理

(41) Michel Foucault, « Il faut défendre la société », *Cours au Collège de France, 1976*, Paris, Gallimard/Le Seuil, 1996, p. 194.〔『ミシェル・フーコー講義集成6　社会は防衛しなければならない（コレージュ・ド・フランス講義1975-1976)』石田英敬訳、筑摩書房、二〇〇七年、二一六頁〕

(42)「ナチスの反ユダヤ主義を単に〝生物学的〟なものと見なすのは単眼的であろう［…］。科学あるいは擬似科学の装いの下に、昔ながらの神学的偏見が控えていたのだ［…］。ヒトラーの反ユダヤ主義は人種差別と黙示録の政治的・神学的結合である」(Donatella di Cesare, *Heidegger, les Juifs, la Shoah*, *op. cit.*, p. 148)。さらに彼女はこう付言している。「一般に信じられているのとは逆に、ニュルンベルク法は〝科学的〟指標に基づいているのでない。それが〝人種法〟と形容されたのはプロパガンダのためでしかない。なぜなら人種差別の発明は絶対に経験的に実証することはできず、そのため神学を頼みの綱にせざるをえなかったのである」(*Ibid.*, p. 160)。

解しにくくさせる。この二つの政治経済学は、二十世紀前半に資本のヘゲモニーの下で互いに奥深く結びついた。マルクス的な「政治経済学批判」に対して「権力の政治経済学」を優位に置いたことは、六八年の思想の資本主義理解が明らかに誤っていたことを示すものである。この誤りはこの世代のすべての哲学者（リオタール、ドゥルーズ、デリダ、ガタリなど）にも共有されている。さらに、その誤りは、とくにある種のフェミニズムの潮流における批判的思想のなかにも再生産されている。たとえば、ナンシー・フレイザーとジュディス・バトラーの論争――それは大ざっぱに言うと「社会的政治」（政治経済学）と「アイデンティティの政治」（権力の政治経済学）の対立に還元される――も、この致命的な対置に依拠している。

富と貧困を同時に生み出す資本蓄積は（それがなお持続しているにもかかわらず）十九世紀の問題であると資本が言明した時代（一九七九年）、資本の戦争機械は、その戦略のまさにど真ん中に富と貧困の同時創出の「無制限」の加速を提示する。相続資産や収入の一極集中は、十九世紀資本主義のもたらした富の格差をあっという間に超える水準に達する。それはアメリカ合衆国ではフランス革命以前の数値に達し、非‐人間的な「生き物」の搾取は頂点に達する（エコロジー危機の到来）。

しかしフーコーにとって、緊急事態は別のことである。政治的行動の優位性は隷属の様態しだいであると言うのだ。フーコーは一九七〇年代末に、抵抗闘争は搾取とか経済的不平等といったものではなく、「身体に対する権力の影響」を標的にしなくてはならないと言う。政治的に闘わなくてはならない相手は、「ある種の権力が行使されているという事実、そしてその権力が耐えがたいものであるという事実」[43]であると言うのだ。このころの十年間、フーコーは「権力の過剰」という問題に取り憑かれていた。それはたしかに、マルクス主義が等閑視した資本主義のある種の機能様態やファシズム・レイシズム・セクシズムの新たな様態の展開を分析するのに役立つであろうが、この「権力の過剰」に対する批判が富と貧困を同時にもたらす資本主義の戦争戦略に密接に関連づけられていないかぎり、袋小路に陥らざるをえない。

フーコーは、法的なものを基軸とした権力批判から「力」に依拠したニーチェ的な権力批判へと移行しながら、国家に対して戦略的な役割を与え続ける。フーコーにとって、生政治は「国家による生命の調整」[44]としてしか考えられない。なぜなら生政治は、規律政治とは異なって、「中央集権化と調整を併せ持った複雑な機構」を必要とするからである。これを保証することができるのは唯一国家的行政機関だけである。しかし国家は、まさしく生政治の組織化を

（43）Michel Foucault, « La philosophie analytique de la politique » (1978), *Dits et Écrits*, t. II, *op. cit.*, p. 545.〔前掲『ミシェル・フーコー思考集成7』一三一頁〕

（44）Michel Foucault, « Il faut défendre la société », *op. cit.*, p. 187.〔前掲『ミシェル・フーコー講義集成6』二四九頁〕

起点として、しだいにおのれの「自立性」を失い始め、やがて新自由主義のなかで資本の単なる一機能と化すのだ。このことがフーコーにはわかっていない。

ヨーロッパでも長い間、「プロレタリア」の「生き死に」はまったく顧みられることがなかった。フーコーもそのことは知っている。「とりわけ十九世紀前半においては、プロレタリアの生存条件から考えて、その身体や性への配慮はほとんどなされなかったことは明らかである」。十九世紀、二十世紀を通じて、資本がつねに分断の技術にほかならない統合戦略をとらざるをえなかったのは、革命が起きる危険を考えてのことである。分断とは、まず本国と植民地の分断（植民地の人間が死のうが生きようがたいしたことではないということ）、ついで本国におけるプロレタリア内部の分断である。「これらの人々」の生と死が問題となるためには「闘争が必要であり、[…] 経済的非常事態が必要であった(45)」とフーコーは当然にも述べている。したがって生政治の戦略を理解するためには、政治的な「生」のあり方、もっと正確に言うなら、二世紀前から地球につきまとっている「革命」、そして戦争と〈福祉〉の一般化の本当の背景理由をなしている「革命」の可能性と現実性を、議論の中心に置き直さなくてはならないのである。

しかし今日、「政治的」装置は住民の生活を向上させるというフーコーの言う機能に応答していないように思われる。ここで作動しているのは住民の生物学的生ではなく、資本主義機械とその主体化を体現するエリートたちの政治的生なのである。彼らの政治的生を保護することは必然的に住民の生を危険にさらす。彼らの生とその再生産のためなら、資本は多くの住民の健康、教育、再生産、住居といったもの、つまりプロレタリアの生をなんら顧慮することなしに犠牲にすることをいとわない。資本はつねにそうしてきたし、現在もそうしている。つまりプロレタリアの生を最小限に切り縮める——力関係が許す限り——ということだ（新自由主義者の言う公共サービスの最小限化はまさにそれを意味している）。同時に、〈福祉国家〉の新自由主義的再組織化は逆方向に機能する。つまり、その再組織化は〈福祉国家〉を企業や金持ちの支援装置に変えて、不平等を縮小するどころか逆に拡大させたのである。フランスの大統領エマニュエル・マクロンはこの論理を完璧に定義している。すなわち彼によると、〈金持ちが「下へ向かって流れる」富を生産するために〉「金持ちを支援しなくてはならない」、そして「貧乏人に責任感をもたせなくてはならない」（これは貧乏にしておいて罪悪感を持たせるということだ）というのである。

資本はまた、まさに資本蓄積の条件をなす地球の生の可能性を広範に破壊することをなんら

(45) Michel Foucault, *Histoire de sexualité, t. I: La volonté de savoir*, Paris, Gallimard, 1976, p. 167.〔ミシェル・フーコー『性の歴史I　知への意志』渡辺守章訳、新潮社、一九八六年、一六〇頁〕

ものを破壊するに至った。この二百年間をかけて、資本は「自然」が膨大な時間をかけて産出してきたものを破壊するに至った。資本はそうやって自らを危険にさらしている、あるいは資本は地球と労働力を必要とする、という反論の仕方は、資本の「合理性」をなんら理解していないに等しい。ピエール・ダルドとクリスティアン・ラヴァルは、フーコーの影響の下に『新たな世界の理性』という本を刊行した。この本は新自由主義をその「合理性」に従って分析したものだが、新自由主義に対してきわめて甘ったるいイメージを付与している（南米で起きた内戦についてはいっさい言及されない）。著者たちはドゥルーズが次のように述べていることを噛み締めるべきであろう。「お金－資本というのは、精神医学で言えば、症状の最終局面に当たる錯乱状態である［…］。資本主義のなかにおいては、すべてが合理的である。ただし、資本あるいは資本主義そのものを除いての話である。証券取引のメカニズムはまったく合理的である。誰でもそれを理解し、習得することができ、資本家はそれを利用する術を知っている。しかしそのメカニズム自体が完全に錯乱しているとしか言いようがないのだ[46]」。

ファシズムと戦争はいつでも起こりうる。なぜなら、こうした合理性には制約がなく、あらゆる人間的あるいは非－人間的な資源を無制限に搾取し続けるからである。マルクスが考えたように、資本が自らがつくりだした限界を絶えず移動させるとしたら、二十世紀はこの移動が戦争とファシズムの暴力なしには起こりえなかったことをわれわれに教えてくれている。ケインズはこのことによく通じていて、利潤や所有を脅かすすべてのものに対する資本家の応答の暴力性（「太陽や星を消すこともできる」ような）がいかなるものかをよく認識していた。そして脅威は資本の非合理性からも生じる。なぜなら――これもケインズが言うように――「金融会計システムの自己破壊的規則が存在のあらゆる局面を支配する」からである。

戦略的思考の消滅

存在以前に政治がある。

ドゥルーズ／ガタリ

戦争がなければ、そして革命がなければ、政治運動は政治状況や政治的局面の変化、断絶や曲り角といったものについての分析のための戦略的知や感性をいっさい喪失する。この点、六

（46）Gilles Deleuze, *L'île déserte et autres textes*, Paris, Minuit, 2002, p. 366.〔ジル・ドゥルーズ『無人島1969–1974』杉村昌昭他訳、河出書房新社、二〇〇三年、二五二頁〕

八年の思想のなかで最も独創的な哲学が出来事の哲学であることは特筆に値する。この哲学はすべてのことに適用されたのだが、しかし唯一、資本との衝突だけは例外であった。

政治的背景、資本主義や政治的主体の性質といったものが根本的に変化したとはいえ、戦略的視点を改めて獲得することは、現代の諸運動に力を与え直すことができるだろう。現代の諸運動は、「いま、ここ」という限定的時間性（変化を先送りすることの拒否）と長期的時間性（自律的・独立的な生の形態の構築）とに導かれているようだが、そこには戦略的時間性が欠けている。

ベンヤミンは戦略的知の放棄に継承を鳴らし、歴史の連続性の切断を取り込むかたちで政治を定義している。つまり政治的〈好機《カイロス》〉や革命の偶発的創造術への感受性を取り込んで政治を見るということである。「歴史は永久に闘う二人の戦士のイメージに見られる悪しき無限とは無縁である。真の政治は期限を計算することができる」(47)。

六八年以降の批判的思想は〈好機《カイロス》〉に対してあまり感度がよくない。政治状況の偶発性をよく把握することができない。それゆえ歴史の曲り角を見逃してしまうように思われる。ダルドとラヴァルは、フーコー的な仕方で統治と従属の問題を取り上げ直したが、それはまさにこの両者が機能を停止した時点においてだった。タイミングがずれていたとしか言いようがない。戦争（と革命）を問題にすることは、社会学や哲学や経済学や政治理論に還元不可能な視点を引き受けるということである。この視点は一九七〇年代前半にミシェル・フーコーが引き受けた。フーコーはそのとき、「戦略」という視点を導入したが、たいして評価されなかった（この頃はフーコー自身もたいして評価は高くなかった）。フーコーによると、戦略とは「人類史上の歴史的出来事や人間の行動を解読可能にするもの[48]」である。この概念と実践は軍人の知から直接借用したものである。戦略は「敵対するもの同士が向き合っている状況、一方が勝利し他方が敗北する状況における拮抗関係」を明らかにすることができると言うのだが、これはわれわれが現在置かれている状況を解明するのにもってこいの定義である。つまり現在は、勝利した者と敗北した者が平行的に存在しつつ、「改革」の速度に合わせて互いに遠ざかっていくという状況なのだ。しかしわれわれがそこに、一九七八年以降、戦略の中身には革命と反革命が含まれていると付け加えないなら、これはいかにも一般的な判断にとどまることになる。先

（47）Walter Benjamin, *Rue à sens unique*, Paris, Allia, 2015, p. 74.〔ヴァルター・ベンヤミン「一方通行路」久保哲司訳、『ベンヤミン・コレクション3』ちくま学芸文庫、一九九七年、九一頁〕

（48）Michel Foucault, « Méthodologie pour la connaissance du monde : comment se débarrasser du marxisme » (1978), *Dits et Écrits*, *op. cit.*, p. 605.〔ミシェル・フーコー＋吉本隆明「世界認識の方法――マルクス主義をどう始末するか」、『フーコー・コレクション5　性・真理』小林康夫・石田英敬・松浦寿輝編、ちくま学芸文庫、二〇〇六年、八三頁〕

に挙げたベンヤミンの引用が示唆するのは、まさにこのことにほかならない。

戦略的思考はわれわれがすでに素描したことを明確にしつつ権力の行使を再構成する。フェミニズム運動の大部分は戦争と戦略を度外視し、抑圧としての権力の批判を極端なまでに取り込んで、逆に権力の生産的作用を肯定しているように思われる。たとえばジュディス・バトラーは、言説によって生産される性の非本質論的性質を肯定している。「性は権力で満たされている」とか「性は権力と同じ広がりを持つ」と言うのだが、要するに性は権力によって余すところなくつくられるというわけである。バトラーは『性の歴史』の第一巻におけるフーコーをこういうふうに解釈しているのだ。しかしこの本は別の読み方もできる。つまり、フーコーはこの本で、「戦争」という概念を「初めて」たっぷり使いながら、戦略的視点を展開しているのである。そしてその視点は、「生産的なもの」と「抑圧的なもの」よりも戦略を上位に置いているのである。

権力は「局地的かつ不安定な」多数の力関係や戦略関係によって規定されるもので、一瞬一瞬いたるところで生産される。フーコーは言う。「家族、一定の集団、制度など生産装置のなかで形成され作動する力関係は、社会体全体を経巡る大きな分裂現象の土台となる(49)」。権力は性的支配と同じく、ひとつのものごと、ひとつの性、ひとつの「法」、ひとつの構造といったものではなく、「戦略的状況に与えられた名前(50)」である。権力は諸力のあいだの関係を生み出すのではなく、そうした関係を「コード化」し「統合」するのである。権力はコード化し統合しながら、戦略的関係を閉じ込めるのだが、決して完全に閉じ込めることはできず、制度や規範や装置の中に一時的に閉じ込めることができるだけである。「決して完全には閉じ込めることはできない」ということは、性も他のコード化（経済的、政治的などの）も、決して「権力に満たされてはいない」し、「権力と同じ広がりを持ってはいない」ということを意味する。

逆に「権力諸関係は［…］変化の母体」(51)であり、ひとつの状況はつねに改変可能である。というのは、権力関係はまた抵抗の場でもあるからだ（抵抗の場は、権力関係のなかで、敵対者、標的、支柱、足場といった役割を演じる）。こうした「変化の母体」は、政治的分断がもたらされ闘争や戦略が始まると活性化する。(52)フーコーが問題提起しながらフーコー自身が打ち捨てたもの、それはこうした関係や戦略の戦争的様態である。

「こうした多数の力関係は、〝戦争〟という形態あるいは〝政治〟という形態でコード化される。これは、この不均衡で不均質で不安定で緊張した力関係を組み込むための二つの異なった

（49）Michel Foucault, *Histoire de la sexualité*, t. I, *op. cit.*, p. 124.〔前掲、フーコー『性の歴史I』一二二頁〕
（50）*Ibid.*, p. 123.〔同前、一二一頁〕
（51）*Ibid.*, p. 131.〔同前、一二八頁〕

（しかし互いに他方に傾きやすい）戦略である」[53]。政治（法、国家、政治システム）を戦争に置き換えることはできない。政治と戦争はつねに戦略的に反対でありながら、資本機械のヘゲモニーの下では「互いに他方に傾きやすい」位置にあるということだ。この二つの戦略は（資本機械の）権力の手中にあるが、それはまた革命によって作動することもできる。この二つの戦略は、単なるパフォーマンス行為や言説よりも政治的戦略の一部をなす政治活動に適合し結びつくと思われる。ただし、政治的戦略をパフォーマンスや言説に切り縮めないという条件が必要ではある。テレサ・デ・ラウレティスはある論説のなかで、クイア理論による権力の生産性概念の利用を分析し、二重の危険に警告を発している。第一に、権力について包括的に語ってはならないということ。なぜなら資本は「健康（見かけ）を手直しするために定期的にスポーツクラブに行く」からである。第二に、政治行動においては、「フーコーがどう言おうと、つねに致死的である」[54]資本の支配を度外視することはできないからである。

ラウレティスによると、「大いなる拒否、反抗の魂、あらゆる反逆の温床、革命の純粋法則といったものを秘めたひとつの場所」は存在しない。それは一九七〇年代以降、既成事実化している。しかしながらまた、性現象にも内在する多数多様な力関係は、革命による急変のとき以上に、ラディカルな仕方で表出され、問題化され、主体化されることはないのも確かである。まさにそのときに、「統治される者」の姿勢が廃棄され、対立、戦略、可能的領野の展望が現れてくるのである。一九七〇年代にイタリアで起きたとてつもない政治的急変のあいだにゲイ解放運動のラディカルな一翼が発見したのは、「戦争」としての闘争という考えであり、[55] それ

（52）「労働」、「生産」、「階級」といった概念は、戦略的諸関係から把握すると多くのものが得られる。労働や労働者を存在論化する「ポスト労働者主義」の立場は、（認知）労働者の活動に優先性を付与するが、そんなものはどこにもない。政治的イニシアティブは存在の生産性の存在論のなかにあるのではなく、労働者が否定や切断によって自らの政治的力を発揮する能力のなかにあるのだ。労働の存在論は世界をあべこべに見させる。つまりマルチチュードがアジェンダを指定し、資本がその生産性を捕獲しながらそれに苦労してついていく、というヴィジョンである。

（53）Michel Foucault, *Histoire de la sexualité*, t. I, *op. cit.*, p. 123.〔前掲、フーコー『性の歴史Ⅰ』一二〇頁〕

（54）Teresa Lauretis, « La Gaia scienza, ovvero la traviata Norma », *in* Mario Mieli, *Elementi di critica omosessuale*, Milan, Feltrinelli, 2017, p. 266.

（55）イタリアにおける同性愛者解放運動の最も重要な理論家マリオ・ミエリ（Mario Mieli）について、クロード・ラバン（Claude Raban）は次のように書いている。「ミネリが何度も繰り返し言うように、これは戦争なのだ。衝突は単に経験を正当化する言葉のなかにあるのではない。それは言語外の現実として、つまり身体対身体の問題としてあるのだ〔…〕。批判は、領土の征服、自分自身の所有するものに等しい領土の新たな獲得なのである。それは必然的に他者の領土、支配者の領土を攻撃する戦争であり、支配者の領土をローカルかつグローバルに窮地に追い込む闘いである」（Claude Rabant, « Un clamore sospeso tra la vita e la morte », *in* Mario Mieli, *Elementi di critica omosessuale*, *op. cit.*, p. 292）。

は敵を明確に規定している。すなわち敵は「資本主義的異性愛規範」だということ。戦闘はあらゆる人間主体の多様性の「承認」（バトラー）をめぐる政治だけにとどまらない。もっと物事の根本に向かうのだ。革命的伝統の論理に則れば、資本主義的異性愛規範は破壊するほかない。経営者や労働者として現出する権力関係を破壊することによってしか人は自らを解放することはできないし、経営者をその疎外状態から解放することもできない。

こうした戦争としての社会関係という考えを、われわれはフーコーを超えて、現代資本主義の歴史的出来事をさらに解読可能なものにするものとして機能させてみよう。というのは、われわれの置かれている状況を描き出すための最良の認識は以下のようなものだからである。すなわち、資本主義勢力の「勝利」と反資本主義的な批判と実践の敗北。

戦略は資本の「戦争機械」について新たな光を投げかける。この戦争機械を生産（「生産様式」）や、商品（シチュアシオニストにおけるように「イメージ」にまでなった商品の巨大な蓄積〔ギー・ドゥボール『スペクタクルの社会』木下誠訳、ちくま学芸文庫、二〇〇三年、参照〕）によって、あるいは「構造」や「システム」によって規定し、さらにはこれをもっぱら「社会関係」として規定することは、その構成要素のひとつを除外することにほかならない。すなわち、アメリカ大陸の征服以降、一貫して資本の戦争機械を存在させ続けている階級戦争とその関節（人種戦争と性の戦争）を除去することにほかならないのだ。

私が言う資本とは、機械と戦略、一連の（経済的、テクノロジー的、制度的などの）機械装置、そしてそうしたものを政治的敵対者との闘いのなかで現働化させ主体化させる政治戦略といったものすべてが結びついたもののことであり、資本主義の現代的読解のほとんどすべての理論と対立する論争的なものである。

六八年の思想のさまざまな理論は、まったく偶発的な諸現象――そのときどきに生じた漏出線（逃走線）、労働者階級、抵抗などといったキーワード――を優先させた。こうした存在論はプロレタリア革命の時期に切り開かれた状況を反映しているが、そこでは労働者によって構成されたマイノリティが政治勢力となり、階級二元論を創出・組織し、資本の運動よりも先をいくこともあった。しかしこうした時期は六八年以後ただちに終焉した。政治運動の自立と独立は、革命の疲弊と新自由主義の定着に伴って光の速度で消滅した。漏出線、階級、「革命なき」抵抗といった理論は、おのれ自身の戦略を推し進める可能性を奪われ無力化した。

ここで取り上げている戦略や決定は主権者のそれではない。そうではなくて、多数の力（資本主義的、行政的、軍事的な力や、政治家、メディア、学者などの力）による決定や戦略のことである。こうした力は、おのおの偶発的状況のなかで、部分的・局所的な成功や失敗を通して、集合的な作用を発揮するに至る。資本主義は適用すればいいだけの出来合いの戦略を持っているわけではない。資本主義が推し進める政策の赤い糸をなしているのは、階級的視点、階級的憎しみ、利潤への渇望、長年にわたる革命の形成過程への報復感情といったものである。

したがって政治的敗北はまた、理論的敗北でもあったのだが、このことを認めるのは難しいようだ。なぜなら、人は六八年の思想との理論的接続をつくりたがり、自らの政治的失敗や袋小路的状況を問いに付したくないからである。それゆえ、この本はこれから、資本への批判や反資本主義諸闘争への批判とそれぞれの戦略への批判だけではなく、それぞれの理論やその戦略への批判をも行なわなくてはならない。

重要なことは六八年の思想の獲得物、ミクロ政治学とマクロ政治学との結合に回帰することではなく、状況が根底的に変化したことを明確にすることである。資本の戦争的・抑圧的行為は、二〇〇八年以降、そして「実体」経済の封鎖（逆に金融経済は拡大し続けた）以降、明白に現れている。この実体経済の封鎖はシュンペーター流の単なる「創造的破壊」によっては乗り越えることができない。これを乗り越えるには、政治と経済の錯綜した関係を「戦争」という問題意識へと切り換えなくてはならない（われわれとしては、とりあえずその契機をつくるものとして「内戦」という視角を提起する）。新たなファシズムの台頭の背後で作動しているのは、この切り換えの問題と内戦の問題である。

この戦略的変化はすんなりとはいかない。それはエリートのあいだでもためらいや闘いを引き起こしているが、いまのところ、資本の戦争機械は新自由主義の深化と政治的分離の方向を維持する以外に選択肢はない。資本によるコード化と捕獲はつねに一時的・部分的なものである。なぜなら、それは戦略に依存するからである。権力諸関係を戦略的視点から考えるならば、状況をひっくり返すことができる可能性はつねにある。

反資本主義運動のような批判的思想はこうした政治的曲り角に対してまったく準備ができておらず、資本の進化や資本の「権力に付随する突起物」としてのネオファシズムに遅れをとっている。ポスト六八年の政治理論の限界は、資本主義の定義や性質についてのことだけではない。そうした理論に対抗的に登場しつつある資本の「戦争機械」について無頓着であるというところにもある。真の政治的・理論的敗北はレーニン主義の経験の先へと進むことができないということだ。というのは、そうした理論のレーニン主義に対する批判が正当なものではあっても、それらの批判は、レーニン主義がかつて構築した戦争機械にいくらかでも匹敵する防衛と攻撃の手段を組織することができる態勢を一度たりともつくりだすことができなかったからである。

第二章　技術機械と戦争機械

われわれはつねに可能性によって包み込まれている。〔…〕しかし誰ひとりとしてその実際の結果を気にしない。たんに可能性だけで満足するのである。ラジオのもたらす実際の結果はひどいものである。しかしラジオの可能性は「無限」である。だからラジオはよいものでもあるというわけだ。

ベルトルト・ブレヒト

一九二〇年代、社会民主主義者カウツキーは、ファシズムは前近代的なものであると確信していた。というのは、ファシズムは農業国イタリアで生まれたものであり、ドイツのような近代的な工業国には定着しないと考えていたからである。ファシズムは歴史的に見て過去の遺物であり、ひとたび独裁体制が幕を閉じたら、生産諸力の発展によって永久に消し去られる時代遅れの形態であるというわけだ。これ以上誤った認識はない。ファシズムは歴史的に見て、資本主義と同じほど近代的なものであり、イタリアの未来派を見れば容易にわかるように、資本主義の表現のひとつでもあるのだ。

このことは新たなファシズムすなわち一種の〈サイバーファシズム〉についても言えることである。このファシズムは、サイバーパンクからサイバーフェミニズム、サイバー空間からサイバー文化にいたるまでのすべてのユートピアを頓挫させる。こうしたユートピアは、戦後とくに一九七〇年代以降増大したのだが、サイバネティクス機械のなかに新たなポスト人間的主体性と資本主義支配からの解放の約束があると考えていた。ボルソナロとトランプはデジタルコミュニケーションのあらゆるテクノロジーを使ったが、彼らの勝利はテクノロジーに由来するものではない。その勝利は政治機械、とくに沈んだ感情（幻滅、憎しみ、羨望、不安、恐れといった）のミクロ政治学を新たなファシズムのマクロ政治学と結びつける戦略に由来する。新たなファシズムは金融化社会のなかで荒廃した主体性に政治的一貫性を与えるのである。

われわれはそのことを次のような仕方で説明しようと思う。すなわち、あらゆる形態の技術機械がネオファシズムの社会機械によって設定された戦略に従属するということ。ネオファシズムの社会機械は資本主義の下においては戦争機械たらざるをえないということ。この当たり前の事実確認はある考え方と対立するものである。その考え方とは、技術は他のあらゆる法的・経済的装置と同様に、権力諸関係を取り込み、これを鎮静化し匿名化するというものだ。技術装置の権力は非人称的自動性によって機能し、ネグリとハートの言葉を借りるなら、「そこに暴力を検知する」ことが困難になるほど規範化されるということである。

自由主義と同じほど古くからあるこの考え方は、サイバネティクスや先端技術のなかに新たな確証を見いだしたように思われる。サイバネティクスや先端技術は「市場」と同じく自己調整・自己修正の能力を持つものと見なされる。かくして、社会規範の自動的・非人称的機能は、技術の自動性と非人称的機能によって強化されることになる。カトリーヌ・マラブーですら、「自動装置に抵抗することができるものは絶対に何ひとつない」と言明している。彼女はさらにブルデューを引用しながら、「国家は秩序ある社会をつくるために、必ずしも指令をしたり身体的強制や規律による拘束をする必要はない」と付け加えている。自動装置によって「慣らされた身体」がありさえすれば十分だというわけである。(1)

こうした自動化されて固有の（非人称的な）生を持つ装置に対する非政治的な考え方は、自由主義（市場の見えざる手）やマルクス主義（商品の物神性《フェティシズム》）のなかに根を持っている。二十世紀になると、ドイツ哲学は、こうした装置がそれを生み出した人間に強い力を及ぼすことを強調して、それを前例のない発展を遂げた技術と重ね合わせることになる。ハイデガーはそうした形而上学の最新型と言えるが、ギュンター・アンダースはこのことについてもっと政治的な読解を行なっていて、資本は機械の「自動」機能のなかに姿を消すとしている。

かくして、資本機械の本質である破壊と従属化の力を技術機械に帰する者たちと、機械の及ぼす力をフーコーが描いた力（その力はある種の行動を刺激したり鼓舞したりして、不可能を可能にすることもある）に帰する者たちとの対立の様相が浮かび上がる。（フーコーは、ある行動へ働きかける別の行動は、その機能様式が「身体的強制」や「規律による拘束」の働きをするとしている）。しかしこの両者も含めて、すべてのケースにおいて、戦略、社会機械、技術機械三者のあいだの関係は消去されるのである。

われわれは、まさにこうした理論が排除するものを問題として立てたいと思う。すなわち、技術が保証する権力関係の非人称化（自動装置化）は、党派的視点を刺激し、戦略的選択を促し、決定を匿名の機能（システム、構造など）のなかに解消するのではなく、決定を中心的位

（1） Catherine Malabou, *Métamorphoses de l'intelligence. Que faire de leur cerveau bleu?*, Paris, Puf, 2017, p. 124.

置に置くということだ。つまり、戦争機械の方が技術機械よりも上位にあるということである。技術はそういう意味で、人々のあいだにおける戦争の大きな争点のひとつであるということだ。新たなファシズムの到来は、資本主義社会において経済的・法的・テクノロジー的装置によって保証される政治秩序が技術革新によってではなく革命と反革命によって絶えず寸断されるということの証《あかし》でもある。この寸断を行なうのは戦争機械であり、戦争機械は「諸装置」（技術装置を含む）を方向付け、現働化し、そこに一貫性をもたらしたり、逆にそれを攪乱したりする。

新たなファシズムが行なうこうした寸断は資本主義の外部から到来するのではない。実際には、ファシズムは労働組織のなかに深く根付いている（「抽象化」されてあらゆる使用価値に疎遠となった「労働」は自動車生産においても大量虐殺においても同じように機能する）。そして労働のみならず消費のなかにも深く根付いている（消費は「抽象化」されて、子どもの労働や世界中の膨大な数の奴隷労働によってなされるあらゆる物の生産様態に無関心になっている）。批判的思想はこうした真実を忘却したがゆえに、新たなファシズムの相貌を捉えそこなっているのであり、それをポピュリズムとか権威主義とか呼んでいるのである。

社会機械か戦争機械か

サイバネティクス理論や認知資本主義あるいは加速主義といった理論などを信じると、現代の資本主義の特徴は以前の資本主義に比べて機械によって浸透・形成・統治されているということになる。しかし、すでにずいぶん前にルイス・マンフォードがこれを問題にしていて、すべての社会はそれ自体として機械であり、さらに言うなら「メガマシーン」であると言明している。ドゥルーズとガタリはこの考えの影響を受けて、「社会機械」という概念をつくった。マンフォードは『機械の神話』という著書[2]のなかで、メガマシーンとしての社会が人間や技術機械をある同じ運動のなかで生みだし、組織し動的に編成することを示している。たとえばファラオの時代のエジプトのメガマシーンは、一方に、多数の人間（奴隷）――「交換可能という特性を持ち」、「中央から組織され、中央の指示に従うように厳密に配置され調整された」[3]――がいて、他方に、単純な技術機械――〔荷を上げ下ろしする〕傾斜板や梃子《てこ》――がある（車

（2）Lewis Mumford, *Le Mythe de la machine*, 2 vol. (1967 et 1970), Paris, Fayard, 1974.〔ルイス・マンフォード『機械の神話――技術と人類の発達』樋口清訳、河出書房新社、一九七一年〕

（3）*Ibid.*, t. I, p. 262.〔同前、二八七頁〕

輪、滑車、ナットはまだ発明されていなかった）といった構成であった。このメガマシーンは進化して、「人間的なもの」を技術機械に置き換えるようになる。しかし技術機械はメガマシーンに取って代わることはできないし、自立化して社会機械を支配することもできない。

メガマシーンは多数の物質的・記号的・想像的・宇宙的・主体的な要素を伴っているという点で技術機械と区別される。それは人間的なもので構成されているが、人間的なものの「機械化」は労働用具の機械化――「古典的仕掛けの単純な機械」――よりもはるかに昔からある。また記号による機械化も古くからある（「言葉を図像に変換することで、欲動やメッセージをシステム全体に伝達するだけでなく、書かれた命令が実行されなかったときに責任を取らせることが可能になった」[4]）。メガマシーンはさらに、人間／機械の動的編成を生みだし機能させるために他の多くの要素を必要とする。たとえば王権神授の神話、太陽崇拝、「宇宙幻想」などであるが、そういったものが「人間を機械仕掛けの物象」に変え、「こうした物象をひとつの機械に編成する」[5]のである。メガマシーンの機能はさらに、技術による奴隷化を必要とする。技術は奴隷を服従させるとともに、聖職者や官僚を司令官の位置に置く。「労働者は命令に従順に従いながら辛抱強く任務を遂行する新型の精神を持つようになった」[6]。他方「聖職者や官僚のカースト」は、それぞれ、「自然について、また超自然についての系統化された知識」、「命令を与え、最後まで遂行するための機構」を保証する。[7]きわめて初歩的なテクノロジーしか持たないこの機械の巨大な生産性は、それが社会機械として機能する点にある。このことがファラオのエジプトに当てはまることは明らかであるが、それは高度に発達したテクノロジーを備えたわれわれの社会にもそれ以上に当てはまると言わねばならない。

社会機械（あるいはメガマシーン）という概念を提起した今、次の段階に進もう。私は社会機械よりもドゥルーズ／ガタリの概念、すなわち「戦争機械」という概念を好む。この概念を私は少しばかり転用したい。フーコーは「社会学主義」をお払い箱にすることがいかに必要かを指摘した。社会学主義とは、フーコーによると、権力諸関係を（「社会」とか「社会的なもの」とか「社会的諸関係」といった）グローバルな一般的・全体論的観点のなかに包摂しようとする社会科学の傾向性の謂である。しかし「社会」や社会のメカニズムの匿名性は、階級分裂、さまざまな支配、戦争的関係といったものを隠蔽する。権力は、つねに特殊で出来事に左右され見えにくい（規則性があるのは権力の自己肯定だけである）権力の戦略をもとにして分析されなくてはならない。それゆえ私は「社会機械」という不正確で大まかな概念を放棄した

（4） *Ibid.*, p. 256.〔同前、二八二頁〕
（5） *Ibid.*, p. 264.〔同前、二八九頁〕
（6） *Ibid.*, p. 263.〔同前、二八八頁〕
（7） *Ibid.*, p. 265.〔同前、二九〇頁〕

い。この概念は規範やハビトゥスや法の非人称性を生み出すが、それに対して「戦争機械」は、支配する者と支配される者、人が規範やハビトゥスや法を生み出す源泉である力関係を包含する概念である。この概念はまた、まさにエジプトのメガマシーンのように「生き死に」や暴力をも包含する。社会学は支配構造の分析を進めるとき（ブルデュー）、支配が依拠するメカニズムを描くが、戦争の概念と結びつく抵抗や反逆、権力に対する革命機械として自己形成しようという意思は等閑視される。したがって私が言う「戦争機械」とは、ドゥルーズ／ガタリの概念とは少しずれるが、社会は分裂しているということ、諸力は対立状態にあるということ、この分裂、この対立は、相争う戦略のなかに現れ、そこには技術的対立も含まれるということを意味する。

技術機械と戦争機械のこの区別がギュンター・アンダースの機械概念には欠落している。アンダースは、アメリカに亡命中、大工場の流れ作業労働者として働いた経験を元に、ハイデガーの有名な言い回し――人間は「〝存在〟の羊飼い」である――を変形し、「機械の羊飼い」について語っている。これはたしかに新たなパースペクティブを開くやり方ではある。しかし彼がこう説明していることに注意したい。「機械の存在理由はその成果にある。そして最大限の機能を発揮するために、機械はそれを保証する環境を必要とする。機械が必要とするものを機械は征服するのである。すべての機械は帝国主義的とは言わないまでも拡張的である。おのおのの機械はそれぞれ固有の業務をもつ〝植民地帝国〟（運送業者、遂行チーム、消費者などからなる）をつくる。［…］こうして元の機械は〝メガマシーン〟になる。［…］メガマシーンはまた外部の世界を必要とする。〝植民地帝国〟はメガマシーンに従属して機能する。［…］この自己拡張にはいかなる制限もない。機械の蓄積欲は尽きることがない」。[8] それは拡張を続行しながら、世界全体を統合する「世界機械」、「全体機械」になるのである。かくして「世界は機械になり」、「巨大な機械の集積所」によって構成されるひとつの技術的全体主義国家が完成するというわけだ。

しかし、われわれが先に見たように、マンフォードの「メガマシーン」は機械仕掛けではない。それは逆に、まぎれもない紛争、決定、戦略、戦争機械の場所なのである。アンダースが「機械」と書いているところをわれわれはたやすく「資本」と読み替えることができる。この「蓄積欲」を持っているのは機械ではなく資本の戦争機械なのだ。増大し続ける「生産力」とそれを「表象する」能力とのずれ——アンダースによると、これが現在の人間の無力の元にある——は、もうひとつの戦争機械、すなわち革命戦争機械によってしか埋めることはできない。

（8）Günter Anders, *Nous, fils d'Eichmann*, trad. fr. P. Ivernel, Paris, Rivages, 1988, p. 92–93.〔ギュンター・アンダース『われらはみな、アイヒマンの息子』岩淵達治訳、晶文社、二〇〇七年、七六—七七頁〕

戦争機械は単に技術機械を生み出すだけでなく、技術機械のための人間をも生み出す。ここで人間と非‐人間的なものとのあいだの動的編成が行なわれる三つの戦略、三つの方法を分析しよう。トランプの覇権主義的機械、アルジェリアのＦＬＮの革命機械、そして第二次世界大戦の機械の三つである。

覇権主義的戦争機械

アメリカ合衆国では、政府の行動は先端技術の発展に組み込まれて、サイバー理論の描く権力の「未来図」を体現しているように思われた。しかし、トランプと彼の戦争機械は別の道を選択し、テクノロジーの衣装によって覆い隠されていたもの、すなわち内戦の亡霊、新自由主義を打ち立てた「暴力」を出現させたのである。

技術革新の最先端にあるアメリカの大企業（「ＧＡＦＡＭ」――グーグル、アマゾン、フェイスブック、アップル、マイクロソフト）は、これらの装置の機能や被統治者の一般的行動に適合的な主体性や「自己との関係」をつくりだしている。技術機械に組み込まれたこうした統治は、人々の行動を先読みしてコントロールする力を持ち、諸個人の輪郭を設定して未来（可能な行動と不可能な行動）を前もって枠付けする。未来はわれわれの行動のデジタルな「痕跡」をもとにして構築され、超高性能コンピューターのアルゴリズムによって計算されるのである。この機械は権力関係の鎮静化を体現しているように思われる。というのは、権力はこの機械のおかげで非人称的に行使されることになるからである。

ＧＡＦＡＭは、〈スマート〉な町に住み、〈スマート〉な食事をし、〈スマート〉に会話するという「人的資本」の〈スマート〉な相貌を促進し、性的・文化的差異や市場に開かれた主体性をつくりだす。これらの企業は、現代資本主義の想像世界、価値、中身を供給し、その現働的モデルは日常生活の最深部にまで浸透し、人間の主体性や感情を四六時中占拠する。このモデルは絶えざる注意を要請し――スマホを一時も手放さない、という笑ってすますことはできないような行動を引き起こし――、現代における人々の動員装置をつくりだす。それはさらに、主体性に影響を及ぼす情報を倦むことなく産出し、その情報は数限りない電話、テレビ、コンピューター、タブレットを介して流通し、地球全体を覆って、その連動の網の目はますます濃密になっていく。それは〈スマート〉な家族のための〈スマート〉な生活モデルを提示する宣伝広告の絶えざる流れをつくりだす。

「サイバー」批判のなかで最も非政治化したものによると、こうした条件の下ではいかなる政治的行動も不可能になる。なぜかというと、情報はあまりにも迅速かつ濃密そして複雑に伝わるので、個人や集団はそれに同化することができないからである。政治的行動は情報が集合的に共有され意識的に同化されていることが前提なのに、デジタル回路がそれを妨げるからである。

しかしながら、こうした「情報」のカオス状況のなかでも、企業、大銀行、国家、マフィアなどの執行部は毎日、情報を選別し、摂取しながら、戦略や政策や利潤を引き出す。情報やイメージ、言説といったものの複雑さ、カオス、過剰は、個人にとっては深刻な問題となり、個人はその流れに水没してしまう。しかし社会機械はそれを選別し集合的に摂取することができる。トランプの組み立てた戦争機械は、こうしたマグマのなかで自らを方向づけ、選別し、決定する。問題はテクノロジー的である以前に政治的なのである。

シリコンバレーの諸企業は、トランプが権力を奪取することを可能にした状況をつくりだすのに大いに貢献した。目眩くような技術「革命」(デジタル、プラットフォーム、〈スマートシティ〉、スマートフォン、ビットコイン、バイオテクノロジー、ナノテクノロジー、AIなど)の連続は社会をこれまでになく静止させ、これらの技術は権力諸関係をひっくり返すのではなく強固に安定させた。これらの企業は独占(したがって金利)の力をそのまま体現しており、同時に私的所有の象徴でもある(これらの企業は株の時価総額の最大値を誇っている)。私的所有はあらゆる手段を講じて追求され、税金逃れは相当なものである。コンピューターの極小化による権力の水平的配分が約束されていたにもかかわず、逆に独占は工業時代のそれを大きく上回っている。

幾何級数的な計算力の向上によって可能となったイノベーションの加速化は、ハイパーテクノロジーの「アンシャンレジーム」に一直線に至り着く。すなわち、雇用、収入、遺産、教育、住居などの階層序列的地位が、まさしくフランス革命以前のように生まれつき決まっている体制である。かくして、シリコンバレーのウルトラ・ヒューマニズムから「ポスト人間時代」の「自己」が現れたのではなく、一七八九年に切られた貴族の頭が〈サイバー空間〉で蘇ったのである。より大きな自由、より拡張された民主主義、より少ない隷属をつくりだす手段としての技術は、またしても「結果的事実として」否定され、権力諸関係の過酷きわまりない再生産が行なわれたのである。

トランプは「サイボーグ」という形容が可能な新たなタイプのファシストでありレイシストである。トランプの「一貫性」は技術機械（テレビ、インターネット、ツイッター）と切り離せない。技術機械によってトランプは「政治的主体」として存在しているのである。同様に、トランプの支持者は、このサイバー装置によって政治的に出現し「存在している」のである。しかし、トランプを新たなファシストとしてつくりあげているものは、機械との混成ではない。トランプに新たな相貌とサイバー的編成による新たな機能をもたらしているのは、彼の政治戦略であり彼の主体化なのである。トランプは古典的メディアシステム（テレビや新聞）の候補者でもなければ、「SNS」をコントロールするシリコンバレーの大企業の候補者でもない。彼が勝利したのは、金融やデジタル化によってもたらされた社会的・精神的荒廃に依拠して、ネオファシスト、レイシスト、セクシストの主体性を政治的に表現し構築したからである。トランプは、メディアによって増幅された債務者の不安や恐れに政治的表現を与え、対立をアイデンティティの領域に移行させながら、住民の一部（白人）と別の一部（移民、女性、外国人、マイノリティなど）を弄ぶという操作を行なった。トランプは、彼らをシステマティックに貧困化させた四十年にわたる経済政策と、彼らをいっさいの近代化、いっさいの改革に抵抗する「落伍者」として軽蔑する情報メディアによって押しつぶされた主体性を捕獲し、自らの内に取り込んだのである。いわゆる「国家債務危機」のあいだ、情報メディアは銀行システムを救済する戦略を遂行しながら、「命令」（負債は払わなくてはならない）、「脅迫」（払わなければ、システムは崩壊し、あなたも一緒に破滅する）、「侮辱」（あなたは間違っている、あなたは怠け者だ）を称揚した。[9] 命令、脅迫、侮辱、これはトランプが同じテクノロジー装置を利用しながらわが物としたメディアの特徴である。ただし、トランプはこの手法を、民主主義的統治を分担していたエリート層に向けて使ったということである。

かくして、GAFAMやメディアネットワークの言葉の力や〈スマート〉なイメージは弱められた。というのは、それは、覇権主義的、レイシスト的、セクシスト的なスローガンを掲げて政治を構築する別の戦略、別の戦争機械に直面したからである。そうした情報はネオファシストの自己意識の表面に反響するが、なんら影響を及ぼすことはない（被統治者は一般に統治装置の「要請に答える」ことを特徴とするが、ネオファシストはそうしたゲームに加わることを拒否し、情報によるコントロールを回避するからである）。テクノロジーの「自動装置」は、ひとりひとりが自らの陣営を選ぶ公然たる紛争状況のなかでは有効性を失い、「情報党の同志」になるしかないのである。IT大企業は民主主義的世論による合意という現実をつくりだすことができない。なぜなら、新自由主義の統治はあらかじめ拒否されるからであり、この拒否はそれを担う社会機械を見つけ、その社会機械に一貫性を付与するからである。シリコンバレーの「高性能」のハイパワーによって伝達される感情は、トランプという名の「ルサンチマン」からなるメディア的戦争機械によって組織され増幅された感情（恐れ、幻滅、不安、復讐心）に対してなんらなす術がない。無数のデータによって保証されているはずの未来予測能力は衰

（9）「命令」、「脅迫」、「侮辱」は、あとでファノンについての記述で確認するように、植民地におけるコミュニケーションを特徴付けるものである。

弱する。こうしたデータは、私がピザ好きなら、私が今度いつピザを食べるかを予見することはできても、政治的急変を予見することは論理的に不可能なのである。それは無限のコンピュータネットワークをもってしてもできないのだ。データは「あるがままのもの」を受け入れる人々の行動を統治することはできても、急変する主体性の行動を予見したり統治したりすることはできない。

すなわち、未来を先取りするシリコンバレーが「新たな原始主義《アルカイスム》」に敗北したということである。これは未来の経済と権力のモデルと見なされるこれらの企業の政治的弱点を明らかにしたものだが、極右勢力によって組織されたものである。そしてこれは、資本主義エリートのあいだに政治的闘争を引き起こした。この闘いはおそらく新自由主義政治の再編成に至り着くだろうが、ネオファシスト組織が有利にことを運ぶことになるだろう。ヨーロッパやアメリカで起きたことを過小評価してはならない。なぜなら、この反動的な波は拡散するだろうからである(ブラジルでは、技術の自立化が不発に終わり、ファシストの政治戦略のなかにあっさり組み込まれた)。二〇一一年に端を発し、二〇一三年のブラジル、二〇一五年のギリシャと続いた、負債による「危機」の高まりは、国際的規模における闘争的主体性の出現と政治的急変の可能性を可視化した。これらの政治運動はそれほど強力なものではなかったが、資本主義エリートの一部はネオファシズム、レイシズム、セクシズムといったカードを使おうとした。こうしてレイシズムは、国籍や出自によって分断された住民に対する戦争の主要な戦略的管理様式になったのである。この分断原理は、労働市場や市民権にもかかわるものである。

かくして、問いに付さねばならないのは、こうしたわれわれを統治しているように見える巨大企業とその機械やアルゴリズムの全能性ではなくて、逆にその無力性なのである。これらの企業は、政治的自立や独立を主張する領土やネットワークに浸透することができないのだ。技術機械は、孤立し分散し恐れを抱き、資本主義に洗脳され、メディア民主主義の装置によってしか結びつくことができない諸個人に働きかけるときには、有効に機能する。しかし、たとえファシズム的であろうと、独自の集合的な社会化、共有、自己表現という現実に直面したときには、突然無力になるのである。

われわれは、まぎれもなくわれわれの無力のしるしでもあるGAFAMの力を称揚するのではなく、二十世紀の革命家たちが別の戦争機械に対して行なったように、これを「張り子の虎」と見なさなくてはならないだろう。その弱点は技術的なものではなく政治的なものなのだ。したがって、技術に対して技術の領域で競争しようとするのは無益である。それでは敗北するに決まっている。知や力や自立を打ち立てるのは技術機械ではなく戦争機械である。われわれが諸概念を借用しているフェリックス・ガタリは、蒸気機関が中国で発明されたとき、子どもの無邪気な遊びとして使われていたことを想起している。蒸気機関の使い方を決めるのは戦争機械である。それは十九世紀の工場におけるように恐るべき道具にもなるし、あるいは機関車に象徴されるように進歩のイメージにもなりうる。

重要なことは、革命機械をつくることである。それを出発点として技術機械を発展させることができる。逆は不可能なのだ。すさまじい内戦を経験し、そのあとナチスに対する恐るべき戦争を経たソ連は、革命の四十年後に、技術大国アメリカに先だって宇宙に最初の人間を送り出した。中国は、革命の時点では世界で最も貧しい国だった。しかし今日、中国はシリコンバレー巨大帝国とアメリカの経済的力に対抗している。戦争機械によって発展した、そのとてつもない主体性の力が、ネオ資本主義的・ネオ権威主義的計画の逸脱した方向に注ぎ込まれているとはいえ、当初の力は持続している。そこでは戦後の日本と同じように、科学、技術、知などが輸入され、模倣されている。ルイス・マンフォードはすでにこのことに気づいていて、こう述べている。「個別の機械のあらゆる属性——膨大なエネルギー利用、コンピューター化、オートメーション、量産体制——は、メガマシーンに組み込まれることによって増大する」。メガマシーンとは社会機械のことである。

技術機械を理解し利用するための第一歩は政治的次元に属する。しかし、ポスト六八年のさまざまな政治運動は、新たな戦争機械を構想することすらできなかった。「集合的頭脳」（一般知性）の奥深くに刻み込まれた新自由主義の最大の勝利は、二十世紀を特徴付けたもの、すなわち成功と失敗を繰り返し続けた革命の記憶の消去である。

ファノンとラジオ

われわれは技術機械への批判的視点を失ってはならない。しかし技術機械と革命機械の関係にも注意しなくてはならない。この関係を考えるための最もめざましいテクストがフランツ・ファノンによって書かれている。それは植民地戦争とアルジェリア民族独立闘争におけるラジオという技術装置の機能についてである。『アルジェリア革命五年』〔邦題『革命の社会学』〕の第二章「こちらアルジェリア」[10]には、技術機械の可能性を革命的方向に現働化させる戦争機械の比類なき力が描かれている。

(10) Frantz Fanon, *L'An V de la révolution algérienne*, *Œuvres*, Paris, La Découverte, 2011, p. 303–330.〔フランツ・ファノン「『こちらはアルジェリアの声』」、『革命の社会学』宮ヶ谷徳三・花輪莞爾・海老坂武訳、みすず書房、二〇〇八年新装版、四五—六九頁〕（以下の引用はすべてこの章からのものである。）

ラジオはフランスの植民地主義権力の戦略の一部をなすとともに、植民地の人々を従属させるための道具でもあった。しかし、われわれの関心は、民族革命の戦争機械が発動するとき、ラジオが植民地の人々にもたらす「態度の変化」、ものの見方や感じ方の変化、技術装置や世界や自分自身との関係の認識の仕方に応じた「行動」の変化、といったものにある。ファノンは、「技術装置」の出現、その浸透、広がり方、受容や拒否は、つねに戦争機械のあり方に依存することを証明している。

情報を受容するか拒否するか、選別し摂取することができるか、逆に情報の力に屈伏するか、といったことは、「社会的身体」が存在するかしないかに左右される。拒否するか受容するかは、単に個人の知識や能力によるのではない。それは「社会的」かつ政治的に構成されるのである。技術的手段は「静穏な中立性を持ったものとして認識されるべきものではない」。それはつねに政治的戦略の内部から捉えられるべきものであり、アルジェリア戦争の場合、差異、敵対の状況があり、「敵と味方が明確に存在する」状況のなかで作動するものなのだ。

植民地においては、「社会的二分状態はとてつもない強度に達する」。したがってラジオの声は、それと「無関係」に「中立的」であることはできない。それは「抑圧者の声であり、敵の声」なのである。この極限まで突き詰めた考えは、平穏な民主主義における報道の「自由」という考えよりも多くの真実を含んでいる。「ラジオから聞こえてくるフランス人の言葉はすべて、命令であり脅迫であり侮辱であった」。情報が「命令、脅迫、侮辱」であるのは、植民地だけの話ではない。それは逆に、情報の一般的特徴にほかならない。

アルジェリアでは、ラジオとその「感覚的・知的力」は、まず消極的拒否の対象になった。「言葉は、受け入れられ、解読され、理解されるのではなく、はねつけられ、〔…〕コニュニケーションは拒否された」。「反乱の前は、植民者の言うことが真実で、被植民者の言うことは無きに等しかった」。これが被植民者の警戒心、拒否、拒絶を培養するのだが、まだ戦争機械を構成する集合的な政治的応答は生まれていなかった。「組織化されたレジスタンスは存在しなかった」。ラジオの流す情報に対する拒否は「明確で整然とした確固たるレジスタンス」の表現ではなかった。

戦争機械は非-人間的装置を生産するとともに、人間をその「内部」に至るまで変容的に造形する。植民者主義者の声、すなわち「フランス人に向けたフランス人の声」は、ミクロ政治の次元に働きかける。たとえばそれは伝統的な家族構造と対立する。どこに根ざしているかわからない「無差別出自」の番組は、アルジェリアの家父長制家族の序列構造に適合しない。そういった番組は、「封建的」家族関係の伝統的社交性を危険にさらすため、ラジオ番組をみんなで一緒に聞くことが不可能になる。「エロティックな話題あるいは滑稽な話題すら、〔家族のなかに〕耐え難い緊張を引き起こす」。ラジオのもたらす感情的効果は、精神病理学の観点からも明示される。「錯乱したアルジェリア人についての研究によると、彼らの外に現れた行動のなかには、つねに強力に侵略的で敵対的なラジオの声が内在している。この金属的で人を傷つける有害かつ不快な声は、アルジェリア人にとって告発され審問されているような響きとして聞こえる」。ラジオは精神病理学的に言うと、「不安を引き起こす呪われた邪悪な物」なのである。

一九五六年、解放戦線の軍のラジオ放送（「自由アルジェリアの声」）とともに、「決定的な転機」が訪れる。この革命的な出来事は新たな可能性をつくりだし、主体性の変化に強い影響を及ぼす。「外国による支配の原理そのものに対する抗議は、植民地化された人々の意識、彼らが植民者に対して抱いている認識、彼らが世界のなかで人間として置かれている状況認識に根本的な変化をもたらす」。これは「政治的」な領域だけにとどまる変化ではない。この変化は無意識的なミクロの次元にまで影響を及ぼす。この急変によって生み出されたさまざまな新たな可能性の結合が革命機械の任務となる。革命機械はラジオ（技術機械）と聴取者（主体性）のあいだに新たな関係を打ち立て、同じラジオの持つ植民地主義的機能を脱臼させる。

敵対する者同士の技術上の力の差異は歴然としている。しかし問題はそこにはない。この非対称的な開きはあらゆる闘争、あらゆる革命戦争につきものである。十九世紀から、とりわけ二十世紀において、ロシア、中国、ベトナム、アフリカ、南米などで、帝国主義の軍事機械・

コミュニケーション機械は、最新の技術装置を備えていたにもかかわらず、敗北するものと見なされていた。革命機械はハイテク軍事組織の力を認識し分析するだけでなく、その弱点、弱さ、政治的欠陥をも分析して把握するのである。

革命戦争において、植民地化された人々は、仮に政治組織に属していなくても、活動主体となる。というのは、ラジオが彼らを「動く共同体」のなかに組み込み、彼らは「活動家」としての自覚を持つようになるからである。「極限にまで技術化されたフランスの装置」はFLNのラジオ放送を組織的にかき乱し混乱させる。闘いはラジオ放送の次元でも行なわれるわけである（「放送戦争」）。植民地化された人々は戦略的観点から情報を選別・摂取し、自らの陣営を選び、その情報に寄り添う。「聴取者は放送戦争に組み込まれ、敵の戦術を見抜き、ほとんど物理的・身体的な仕方で、敵の戦略を座礁させた」。

植民地主義者の軍隊による電波妨害は「〔FLNの〕声を分断・不連続化し〔…〕聴取不可能にすることもある」。聴取者は、想像力を駆使して解釈、解読を行なうという「困難な作業」を強いられる。聴取者は「きれぎれの情報を自律的な情報から組み立て直す」。ざあざあという雑音の背後に、革命の声のみならず、侵略者に対する戦いの声が聞こえる。情報は皆無といっていいほど少ないが、その空隙を進行中の革命的行動の力で埋め合わせる。革命は消極的拒否を積極的行動へと変え、断片的情報を「自律的情報の産出」によって補う。こうした状況下では、フランスによる電波妨害が有効に機能しているかぎり、「自由アルジェリアの声」を聞いたという言明は嘘である。しかし、「敵の生粋の嘘と植民地化された者の純粋な嘘との選別こそが、突如として真実の次元を開示する」のである。

情報の受容はもはや個人的なものではなく、孤立や恐れのなかで行なわれるものではない。それは、聴取者が積極的に参加する「共同体」や「社会体」の内部で行なわれるのである。「かつては絶対的嘘としてはねつけられていただけの抑圧者の真実に対して、別の真実が対置されることになる」。情報の「パルチザン」になるには、情報のみならず、まず社会を分断する政治的断絶、政治的機械が必要とされる。

革命はまた、家族の内部における家父長主義的諸関係の変化への道を開いた。ミクロ政治学的観点からすると、アルジェリア人の主体性の変化は、かつては不可能であったことを可能にする。たとえば、家族そろって、聞き取りにくい革命的ラジオ放送を聞いたりするようになり、これが旧来の家父長主義的位階序列を吹き飛ばすことになる。「父、母、娘が一緒に情報に耳を傾ける」姿が見られるようになる。ファノンは精神病理学的観点からもラディカルな変化を確認している。幻覚性精神病者において、「ラジオの声は仲間の声、保護者の声になる。侮辱や告発は姿を消し、勇気を与える言葉となる」。ファノンは、情報空間が精神病理的環境になることを、情報管理の理論家を待つまでもなく知っていたのである。しかし情報理論家たちが行なう非政治化とはちがって、ファノンは、多くの病理の原因を植民地主義者の戦争機械に求め、革命的戦争機械の構築をめざす。その構築によって病者を治療することはできないまでも、少なくとも環境を変えることによって病者は快方に向かうと考える。「外国人勢力」の技術、権力の技術は「換骨奪胎されて」、「民族闘争にとって、民衆のための戦闘手段、不安に対抗する保護機能を果たす」ようになる。「ひとりひとりのアルジェリア人が、解放闘争から生まれた広大な意味作用のネットワークのなかに組み込まれ、その要素となる」のである。

ラジオという「生産手段」の取得は、個人的身体ではなく、あくまでも「社会的身体」によるものである。それはひとえに政治的行動によって実現されたものである。技術機械を変容させて取り込んだのは政治的共同体にほかならない。「一九五六年以降、精神的過程としての技術の発明と称すべきものが登場した」ということである。そしてそれは、事実上、「新たな技術」と「新たな主体性」を生み出す戦争機械の発明であった。要するに、ブレヒトにならって言うなら、ラジオは単に可能性を示すだけではなく、「いいもの」でもある、ということだ。

サイバネティクスと戦争

メディアのシステムは三段階で進展した。第一段階は、アメリカの内戦以降、音、イメージ、文書の保存技術が発達し、フィルム、蓄音器、機械－人間融合システムとしてのタイプライターなどが登場する。第二段階は、第一次世界大戦以降、保存した内容の電気による伝達技術が発達し、ラジオとテレビが登場する。第三段階は、第二次大戦以降、タイプライターのブロック図が予知技術に転化し、一九三六年にチューリングの数学的発想による〈計算可能性理論〉(computability) が登場し、それがのちに〈コンピューター〉となる。フリードリヒ・キットラー

サイバネティクスは、戦争を遂行する国家機械が科学やテクノロジーに直接働きかけた結果生まれたものである。戦争は技術的発明と知の新形態の定着を加速化する生産力として機能する。戦略や戦争は、サイバネティクス技術や〈ビッグサイエンス〉と無縁ではないものとして外からそこに付加されたものであろうか。そうではなく、逆に、戦争や戦略が新しい技術や科学を生み出したのだ。サイバネティクスや〈ビッグサイエンス〉は総力戦のあいだ、総力戦のために構想され実験され使用されたのである。

第二次世界大戦中ならびに戦後のサイバネティクスや〈ビッグサイエンス〉の発達は、資本主義史上最も大きく最も豊かで最も革新的な企業家であるアメリカの軍隊によって担われた。この国家的企業家の力は、シュンペーターの脳裏にある惜しむべき十九世紀的企業の経営者の力とは比較にならない。「創造的破壊」という言い回しはまさにこれに適用されるべきものであるが、ただしこの言い回しは少し逆転して使わなくてはならないだろう。というのは、アメリカの場合、創造は破壊の標的だからである。アメリカの軍隊はおのれのなかに破壊と創造の可逆性、経済と戦争の可逆性、行動に対する働きかけと人や物に対する暴力の可逆性を包含していて、この二重性によって現代の権力を構成している。

戦争機械はたんに初期のサイバネティクスの外的条件ではない。なぜなら敵はサイバネティクスの内部にも構造化されているからである。ピーター・ギャリソンによると、防空装置の最初の実験に使われた人間／機械のサイバネティクス的混成は、サイバネティクスの始祖ノーバート・ウィーナーが敵のイメージから思いついたものである。彼の敵は、アメリカやイギリスが「根本的に異質で人間以下の怪物的他者」と見なしていた日本人ではなかった。それはまた、飛行機から町を爆撃するパイロットのような「匿名の敵」でもなかった。ウィーナーが関心を持った敵は、匿名の敵よりも「より活動的」であり、人種的な敵よりも「より合理的」であった。それは「機械化され感情の欠けた敵であり、少なくとも一種の〈ブラックボックス機械装置〉によってモデル化することができるとともに予知機能を持った敵である。この敵のイメージは、先に挙げた二つの敵のイメージより未知ではあるが、より強力なのである[11]」。

サイバネティクスはこのような敵の概念から生まれた。レーダーのオペレーターにとって、撃ち落とすべき飛行機のパイロットは、人間か非－人間かの区別がつかないほど機械と一体化している。防空機関銃を操作する者も同様の混交体を相手にしている。このような人間と非－人間の混交をもとにして、フィードバック装置を備え敵の飛行機の動きを先回りしてキャッチすることができる機械がつくられたのである。

第二次世界大戦中、アメリカの国家と軍隊は、イタリアのマルクス主義者がマルクスの著書『グルントリッセ』から借用した〈一般知性〉という表現で呼ぶものの基礎を打ち立てた。資本主義的生産を労働者の労働時間ではなく科学や技術や通信の発達に依存させること、これが多様な学問領域や科学機関が混じり合った大規模なラボラトリーにおける追求の目的になった。この過程は第一次大戦中に始まったが、それは国家と資本が科学的生産を直接コントロールする必要が生じたからである。研究は大学の外に移動して「軍事－産業機構によって課される組織問題に取り組むことになる。そしてヨーロッパ史上はじめて、科学の軍事技術への適用によって［…］国家が研究活動を直接指揮するようになる[12]」。たとえば原子爆弾の製作に必要なマネージメントには、科学生産を推し進めるためのさらなる国家の後押しが必要となる。

戦争国家機械は、新たな破壊的技術機械を開発するために、新型の研究者をつくりだし、新たな生産協同様式を組織するが、これは冷戦中に改良され強化される。「レーダーや原子兵器は日曜大工的につくられたのではない。こうしたテクノロジーは、科学者、技術者、経営者などで構成された領域横断的チームの集合体によって具体化されたのである」[13]。ボルタンスキーとシャペロは六八年以降の資本主義の企画開発力はその組織方法によるとしている。また、認知資本主義の理論家は労働や労働者の協同の力の源泉はその組織方法であると見なしているが、こうした組織方法はアメリカ軍が考案したのである。

「こうしたチームは巨大な官僚機構によって養われ資金提供されているが、社会的地位やランクに基づいて機能しているのではない。それは逆に、序列を排した社会構造のなかで作動し

(11) Peter Galison, « The Ontology of the Enemy: Norbert Wiener and the Cybernetic Vision », *Critical Inquiry*, Vol. 21, n° 1, 1994.「ブラックボックス」という表現は第二次世界大戦に遡る。それはレーダーの研究が行なわれた時代で、「ブラックボックス」の意味は、「ボックス」の内部回路はどのように設定されているかが外からわからなくても機能する、ということである。

(12) Franco Piperno, « Il 68 sociale, politico, culturale », *Alfabeta materiali*, Rome, Derive Approdi, 2018.

(13) Fred Turner, *Aux sources de l'utopie numérique. De la contre-culture à la cyberculture*, trad. fr. L. Vannini, Caen, C&F, 2012.

ている。この構造は兵器を開発するためのシステム工学的なアプローチの必要性に基づいている。それは人間と機械を比類なき戦闘装置の一対になった要素にしようとする構造である[14]」。専門領域と職業領域の壁を取り払うことがこの方法の秘訣である。「新たな戦争テクノロジーを生み出すために課されたプレッシャーによって、保守的な専門家たちは専門の壁を超える方向に向かい、仕事と喜びを交ぜあわせ、自分たちが仕事をし生活する場としての領域横断的な新しいネットワークを構築するようになった[15]」。ウィーナーは、この労働と生活、労働と喜びを統合する組織（ポスト六八年的マネージメントの特徴でもある）を科学的共同体がつねに夢見ていたこと、そして戦争がそれを実現したことを強調している。「われわれは、おのおのの探究の共通領域を指定するずっと以前に、このことについて合意していた［…］。われわれを待たずとも戦争というものがそう決めていたのだ[16]」。

戦時中、もうひとつの根本的変化が、国家／軍隊の管理・監督下の学者と企業の協同作業から浮上する。すなわち科学者が企業家に変貌するということである。戦争に協力するなかで、「科学者と技術者は企業の指導者としての行動を身につけた」のである。この戦略は次に国家から民間に伝達され、民間がそれを完成する。

マルクスが予見できず、また〈一般知性〉を唱えるマルクス主義者がわからないこと、それは科学、技術、通信／情報の発展は、究極的に生産と同程度の破壊をもたらすということである。技術と科学は、二十世紀の初めから、つねに不可逆的に資本と戦争、生産と破壊を結びつける戦争機械の構成要素以外のなにものでもなかった。軍人、学者、企業家の非序列的協力がリラックスした友好的雰囲気のなかで行なわれているあいだに、アメリカ軍はこの協力のもたらした成果のおかげで、朝鮮半島やベトナムで虐殺を行ない、アジェンデを殺害することができた。また、南米の何万人もの活動家が十年にわたる内戦中、戦争犯罪人ヘンリー・キッシンジャーの指揮下で虐殺されたのである。

民生と軍事の混成は総力戦が終わっても停止しなかった。それは逆に、冷戦中に、軍事、産業、大学の複合体の制度化によって強化された。芸術家（一九五〇～六〇年代の前衛芸術家）すらも、組織方法を一変させたこの研究体制のなかに組み込まれた。解放の新地平となるはずの「知識社会」は、アメリカ軍がすでに実践していたのである。科学と理論的知識は、アメリカ軍にとって、「破壊」のための生産の強力な原動力にほかならなかったということだ。

新自由主義政治は、軍によってあつらえられたこうしたすべての知識、実験、方法を活用し、

（14） *Ibid.*, p. 369.

（15） *Ibid.*, p. 58.

（16） Norbert Wiener, *Cybernétique et société* (1952), Paris, Le Seuil, 2014.〔ノーバート・ウィーナー『人間機械論［第2版］——人間の人間的な利用』鎮目恭夫・池原止戈夫訳、みすず書房、二〇一四年〕

それを私的経済のなかで機能させる。新自由主義政治は、「軍や政府との結びつき」から解き放たれると、「人々の目に、文化的・経済的原動力として映る」[17]。この時から、天才的革新者としての企業家という〈作り話〉――彼らは市場を信頼し国家的なものに類したすべてのものを警戒し、リスクを顧みずガレージでパソコンを発明する能力を持っている、といった――の構築が始まったのである、これは真実としてわれわれに売り込まれた「法外な詐欺」である。勝者はこんなことまで押しつける力を持っているのだ。シリコンバレーは、官僚機構による後見から解き放たれた企業家の進取の精神から生まれたものではない。それは、かつて存在したことのないほど序列化され規律化された大量殺人構造を持つアメリカ軍が五〇年にわたって行なった巨大な公的投資の成果なのである。

サイバネティクスや情報のテクノロジーを創造し推進した学者たちは無邪気な者たちではなかった。彼らは自分たちの研究が戦争機械や軍からの財政支援に全面的に依拠していることを完全に自覚していた。一九五〇年、ウィーナーは新たなサイバネティクス機械が一〇～二〇年後に配備されることを予見していた。ただし「急激な政治的変化か新たな大戦争[18]」がその配備を加速化することもありえると考えていた。

要するに、テクノロジーの目覚ましい発展を引き起こしその加速化を決定するのは、テクノロジー自体の傾向や生産の決定条件あるいは労働力の「客観的」拡大などではなく、政治的急変、主体性の歴史的分岐、戦略的対立などである。たとえば「レーダーの問題を突き詰めさせたのはイギリスの戦いであり、普通なら数十年かかるこの問題の発展を加速化させたのはこの戦いにほかならない」ということである。このとき、戦争遂行の必要に迫られて、わずか二年で「レーダーを戦場で効果的に使用する」ことが可能になったのである。(19)

機械の理論

技術的要素は、動的編成と関係付けないかぎり、まったく不確定の抽象的なものにとどまる。技術的要素に先立つのは機械である。それは技術機械ではなく、社会的あるいは集合的な機械であり、機械状の動的編成がある時点における技術的要素の機能、外延、内包といったものを決めるのである。機械状系統流が、

(17) *Ibid.*〔同前〕
(18) *Ibid.*, p. 185.〔同前、一六八頁〕
(19) *Ibid.*, p. 186.〔同前、一六八―一六九頁〕

技術的要素を選択し、規定し、考案したりするのである。

ドゥルーズ／ガタリ

一九六〇年代・七〇年代に機械の概念を根本的に刷新したドゥルーズ／ガタリは、「技術革命」の罠を脱臼させるための概念の道具箱を提供した。ところで、最新の機械（アルゴリズム、ビットコイン、ナノテクノロジー、人口知能、デジタルプラットフォームなど）をめぐって、さまざまな理論が展開されているが、そうした機械を選択し機能させている（資本主義の）戦争機械についての言及はいっさいない。つまりそうした理論は同じ誤りを繰り返しているのである。たとえば、加速主義者たちは、金融資本の機能を分析するとき、戦争機械についてなにも述べないが、これはまったくおめでたいとしか言いようがない。なぜなら金融機械こそが、技術の非人称的・自動的行為、アルゴリズムやそれを機能させる数理モデルの後ろに隠れて、債権者／債務者の関係、その（貸し手優先の）戦略、借り手の従属（借金人間）をつくりだしている張本人にほかならないからである。

加速主義は、技術の潜勢力ではなく技術の予告する破局《カタストロフ》に幻惑されたさまざまな流れを含む潮流から生まれた（マーク・フィッシャー、フランコ・ベラルディ、ニック・ランド）。技術に対するこの二つの対立的視点は、自動装置《オートメーション》を重視する点で合流する。この考えによると、人と人のあいだの権力関係は機械の非人称的機能の下で消失する。「われわれはアルゴリズムによって統治されている」、「デジタル機械がわれわれの〝行動〟を導く」、「数がわれわれの行動を指示する」など。フランコ・ベラルディ（ビフォ）は、この思想潮流の議論に辛抱強く参加したあと、次のように総括している。「金融的抽象化は自動装置の非人称的作動に基づいている。誰ひとりとして決定する者はいない。なぜなら数理的連鎖がこの決定に取って代わり、資本のアルゴリズムが、それをつくりだし利用している人々の個人的意思から独立し無関係になったからである」。

このような脱政治化は、たとえばリオタールやボードリヤールなどにおける六八年の思想の最終的な動きに、その根を求めるべきであろう。リオタールにおいては、資本は外部のないシステムであり、したがっていかなる戦略もそこにはない、ということになる。リオタールは資本を「事実としての過程」、テクノロジーやサイバネティクスの機能性——その唯一の目的はおのれ自身の展開であり、「唯一の規則は［…］システムの性能の最大化」[20]である——に還元する。そうすると、機械の機能から脱出できる可能性はいっさいなくなる。「解放」のための戦いは存在しなくなり、システム自体が解放を引き受けることになる。そして「批判というも

（20）Jean-François Lyotard, *Misère de la philosophie*, Paris, Gallilée, 2000, p. 114.

のはどんな性質のものであれ、この任務をシステムが効果的に遂行するためにシステムによって求められるものとなる[21]」。システムの「不調」はシステムの遂行機能を高めるものに反転する。システムはすべてを再利用する。戦争も例外ではない。戦争は結果にすぎない。それは必然的もしくは偶然的な事故にすぎない。この「歴史の終焉論」のポスト六八年的解釈は、時経たずして無意味なものになった。なぜなら、起こるはずもなかった戦争（ボードリヤール）が現実に起きたばかりでなく、それはイラクとアフガニスタンでのアメリカの敗北に終わったからである。これらの理論の核心にある情報テクノロジーの全能性は普通の政治戦略によって阻止されたのである。したがって、「現実的なもの」はシステムの操作シミュレーションのなかに消失したわけではない。地球全体にとって、この戦争以上に現実的な破局的結果をもたらしたものはない。しかしボードリヤールのもうひとつの解釈によると、この戦争は「起ころうと起こるまいとまったくどうでもいいこと」なのである。偶然、急変、「現実」（広大無辺のコンピューターネットワークをもってしても予見できないこと）は、これらの理論――進化の果てに革命を一掃し、テクノロジーを自律的・自己参照的な力とし、自己発展以外のいかなる戦略にも依存しないようにする理論――を容易に手玉に取る。

われわれはここで前章と同じ問題に遭遇する。すなわち、権力諸関係は全面的に内在的なものであるという幻想が、これらの理論においては、技術や法や経済に適用されているのである。

「サイバー」思考の限界を確定し、革命家たちを彼らが沈潜しているテクノロジーに捕われた深い眠りから覚醒させるためには、「自律的」機械と称される新機械の問題を別の角度から検討しなくてはなるまい。なぜ戦争機械が技術機械に勝るか、なぜ技術による決定のオートメーション化、つまり権力諸関係の非個人化と政治戦略は矛盾しないか、といったことを理解しなくてはならない。逆に、技術は決定や戦略を助けるということを理解しなくてはならないのだ。

イノベーションの波が起こるたびに、技術は「自由時間を増やす」とか、機械システムによる生産性向上は労働の必要性から人間を解放するとか言われてきた。ところが、こうした解放の約束は実現されないどころか、いたるところで逆の現象が起きた。なぜだろうか？ それは簡単な話で、機械もまた従属から解放されなくてはならないからである。資本主義においては「機械は他の奴隷をつくるための奴隷である」[22]とシモンドンが述べている。この言明によってわれわれは権力諸関係の軌道に乗ることができる。というのは、機械が奴隷であるなら、機械は相対的な自律性と独立性を持っていて、機械が仕えその命令を受けるパトロン、つまり奴隷

(21) Jean-François Lyotard, *Moralités postmodernes*, Paris, Galillée, 1993, p. 68.〔『リオタール寓話集』本間邦雄訳、藤原書店、一九九六年、九七頁〕
(22) Gilbert Simondon, *Du mode d'existence des objets techniques* (1958), Paris, Aubier, 2012, p. 175.

制擁護論者がいることになるからである。シモンドンはそれが何者かということを明らかにしていないが、ドゥルーズとガタリが補足的応答をしてくれている。「われわれはつねに、技術機械ではなく社会機械の奴隷である」。したがって技術機械は戦争機械に従属しているのである。戦争機械が人間と機械の関係に形を与えるのであり、なぜなら戦争機械は機械と人間に先立つものだからである（関係は項に先立つ〔関係の第一次性〕）。資本主義形態においては、戦争機械は人間と機械を奴隷化し、人間を「可変資本」に、そして機械を「不変資本」に変えるのである。われわれはこの考えに沿って、戦争と革命の関係をめぐる議論を再開することにしよう。

マルクスと機械・科学・自然の三重権力

技術の性質と機能を把握するためには、機械ならびに機械と人間との関係についてのマルクス的考察の多くを批判の俎上にのせなくてはならない。マルクスは『資本論』のなかで、機械とともに行動するオペレーターの労働は、「いっさいの意味を剝奪され」、機械と自然の諸力からなるシステムに組み込まれた科学と労働の支配力を前にして無意味なものとなる、という説明をしている。マルクスが言うこの「三重の支配者」という考えは、技術ならびに技術と人間との関係についての問題のある考えに基づいている。すなわち、商品のフェティシズムという考えである。この考えはサイバネティクス機械を理解するのに何の役にも立たない。逆である。つまりこの考えは、「個人化」された主体（生き物）、「物象化」した客体（死んだ物）、そして人間同士の関係を物同士の関係に移し変えるメカニズム（弁証法）によって命を吹き込まれた、全面的に人間中心主義的なものである。この主体／客体の弁証法から、人間がつくりだしたにもかかわらず人間を疎外し支配する資本主義装置の自動的・非人称的機能という考えが生まれる。ここから、戦略的対立、戦争、権力諸関係といったものは、貨幣、労働、法、消費、社会規範、アルゴリズム、金融といったものの客観的存在性や非人称性のなかに余すところなく組み込まれるという幻想が生じるのである。

「個人化」した主体と「物象化」した客体の存在論に依拠する機械の理論、主体性の次元を客体性の次元に持ち込む弁証法から派生する非人称的自動装置の権力に依拠する機械の理論は、テクノロジーの本質を絶対に理解することはできないだろう。シモンドンが言うように、テクノロジーは「純然たる社会領域にも純然たる物的領域にも属しているものではない」[23]。テクノロジーは、前-個人的次元、間個人的次元から出現するものであり、個人化した主体も物象化した客体も座礁させるものなのだ。

シモンドンが主体と客対の対立を超えるかたちで構想した人間と機械の関係の進化は、現代の理論の限界を把握することを可能にする。機械はサイバネティクス的可塑性によって、人間に匹敵する自律性を身に付け（カトリーヌ・マラブー）、脳の可塑性をなぞることができる。数学的自動性――アルゴリズム――は新たな統治性を構築する。このフランスの哲学者の機械論は、もうひとつの理論を批判することを可能にする。これはさらに奇妙な理論で、「認知」労働者はおのれの主体性のなかに機械（不変資本）を組み入れたというのだ。かつては、革命、権力奪取、内戦などを想定していた労働者による生産手段の「領有」が、奇跡的にもスムーズに、かつ資本家も誰も気づかないうちに行なわれるというのだ。人間身体がその機能を外部化して人工器官をつくりだす技術過程が認知労働者によって逆転され、認知労働者が技術を生みだし機能させるテクノロジーや知を内部化するというのである。しかし、テクノロジーが要請している身体はまったく別の身体であり、「機械は社会的身体との関係で構想されるものであり、人間の生物学的身体との関係で構想されるものではない[24]」のである。

技術機械を不変資本として、そして労働者を可変資本として配置するのは、資本の「社会的身体」にほかならない。この二つは相補的関係にあり、戦争機械の統合的コントロールの下で一緒に進化する。そして、資本の戦争機械を批判し、人間的なものと非‐人間的なものを違ったかたちで構想するためには、もうひとつの「社会的身体」すなわち革命とその組織様態によるしかないのである。

機械の系譜学

シモンドンはドゥルーズ／ガタリと同様に異なる技術の存在論を主張する。機械が身体的シェーマを延長するのは、「労働者のためでもなければ、機械の所有者のためでもない」。技術は「器官」ではなく、補綴《プロテーゼ》であり、腕や目や身体能力や脳などの外在化である。技術は道具ではない。技術は集合体であり、連結であり、二つの存在様式（人間と機械）の動的編成であり、付言するなら、その動的編成を生み出す戦争機械の拘束下で発展するものである。ドゥルーズ

(23) *Ibid.*, p. 332.
(24) Gilles Deleuze et Félix Guattari, *L'Anti-Œdipe. Capitalisme et schizophrénie*, Paris, Minuit, 1972, p. 481.〔ジル・ドゥルーズ／フェリックス・ガタリ『アンチ・オイディプス——資本主義と分裂症』下巻、宇野邦一訳、河出文庫、三三九頁〕。

／ガタリとシモンドンにとって、機械と道具の区別は根元的に重要である。器具や道具は補綴であり、身体の外在化であって、機械とはちがって、おのれに固有の「個体性」を持ってはいない。

器具や道具は十八世紀に飛躍的発展を遂げた。この時代において、人間は「技術的個体」となっていた。なぜなら、人間が道具を携えて技術過程の中心に位置して、自らの「生物学的個体性」を「技術的個体性」に貸与していたからである。しかし機械の世紀である十九世紀になると、人間の機能が脱中心化する。資本主義産業の到来とともに、人間は「技術的個体性」の機能を失う。道具は機械が担うことになる（道具－機械の誕生）。したがって機械が技術的個体性の中心の位置を占めることになる。自動機械の活動は自律的というわけではなくて、消滅したのではなく位置が移動しただけの人間の活動と並行している。かくして人間の役割は、技術的個体（機械）の下位（隷属）あるいは上位（調整）の位置で活動するということになる。つまり人間は、（自らがそれらの領域のひとつとなるのではなく）さまざまな技術的領域の関係を調整するオーガナイザー、あるいは機械の良好な機能のための単なる「諸要素の提供者」となるのである。

こうした機械を『資本論』のなかに見ることができる。「三重の支配者」や商品のフェティシズムの理論は、十九世紀の自動機械（道具－機械）に基づいているが、十九世紀の自動機械は現代のサイバネティクス機械や自己調節型機械とほとんど関係がない。そして現代の機械のなかでは、人間の機能はさらにもう一段変化している。シモンドンは次のように説明している。マルクス的な自動機械は「奴隷（労働者）としての人間、オーガナイザー（資本家）としての人間を必要とするが、自己調節型機械は技術者としての人間、協力者としての人間を必要とする」[25]。道具－機械は、サイバネティクス機械と一緒でなければ「相対的に独立した」技術的個体になりえないのである。

「技術的個体」としてのサイバネティクス機械は、ひとつの単なる物ではない。また、人間活動の客体化でもない。それは、人間の存在様式に並行的に付加され機能するひとつの「存在様式」である（人間も機械も互いに独立して自律的に機能することはできない）。「存在様式」とは、機械がひとつの「絶対的統一体」、ひとつの「閉じた塊」、ひとつの「実体」ではないこと、つまりマルクスの言葉を借りるなら、すでに「完成され」「死んでいる」個体化されたた「物」ではないことを意味する。機械はさまざまな仕方で開かれている。なぜなら機械は関係であり、多様な諸関係だからである。それは自らの構成要素に向かう関係であり、他の諸機械に向かう関係であり、世界（環境）や人間に向かう関係である。ハイデガーが空しく求めた技

(25) Gilbert Simondon, *Du mode d'existence des objets techniques*, *op.*, *cit.*, p. 174.

術存在は、シモンドンにとっては関係である。つまり「関係は存在価値を持つということである。関係は発生論的に二重の機能を持っている。関係は人間と機械に向かうのである」[26]。それに対して、現代の批判的思想にとっては、「機械と人間はすでに全面的に構成され規定されたものである」。シモンドンはドゥルーズ／ガタリと同じく、人間と機械はおのおのが自律的存在として機能するといった本質論的な捉え方をしない。

人間と機械は動的編成であり、したがって出来合いの構成要素（機械部品、ソフトウェア、アルゴリズムといった）の結合にとどまらず潜在的可能性の領野をなす。しかし、こうしたすべてのことは、戦争機械の構成する要素と可能性とを突き合わせて考えなくてはならない。機械が開かれたものであるなら、そして機械が関係であるなら、それは「不確定の余白」を含み、その個体化は一定不変のものではない。機械の機能は、マルクスの言う自動機械《オートマット》のように（したがってテクノロジーに従属する）厳密に構成されたものではなく、さまざまな状況に対する適応性を持っているからである。

マルクスは機械を「生きた労働」の結晶として実体化することで、それを完成された物、「閉じた塊」として考えた。つまり、すべての力は生きた労働に集中しているのに対して、機械をいっさいの潜在力を失った何か「死んだ」もの（まさに「死んだ」労働）と見なした。しかし機械は、単にその現働的な物質的状態によって規定されるものではなく、その不可視の領域（平面《プラン》、ダイアグラムなど）やその潜勢力によっても規定されている。機械は死んではいなくて、「生きている」のだ。そして変化や変動に適応し、多様な個体化の過程に入ることができる。機械を関係と見なすことによって、われわれは「生」（主体性）と「死」（客体性）というマルクス的カテゴリーをもはや使用することはできなくなり、さらに生物学的な「生」というフーコー的カテゴリーをもお払い箱にしなくてはならなくなる。

戦争機械

人間－機械の動的編成を構成する諸関係の総体は、シモンドンが「効率の文明」と総称するものによって行なわれる個体化に捕われている。これは人間と機械を「生産性」と自然の支配に従属させる（奴隷化する）。ここで戦争機械を呼び出さなくてはならない。機械は（人間同様）、その不確定性によって、資本の「社会的身体」に依存する個体化に開かれている。

（26）Gilbert Simonndon. *L'individuation psychique et collective*, Paris, Aubier, 1989, p. 278.

資本主義は技術機械の相対的自律性とその獰猛な「奴隷化」の力の発揮を同時に可能にする。資本は政治的・社会的歴史に急変をもたらすとともに、技術の歴史においても急変をもたらす。つまり、前資本主義社会においては「決して独立しないよう型にはめられ、コード化あるいは超コード化されていた」[27]貨幣的、社会的、技術的、政治的な流れも急変する。こうした流れの脱コード化の広がりは、技術的・科学的流れの進展に新たな「自由」と「独立性」を付与する。そしてその流れは同時に利潤と権力の論理に従属する。したがって、こうした流れの脱コード化の広がりを進める社会機械としての資本主義のなかに、技術の発展の理由を求めなくてはならないのである。「資本主義をつくったのは機械ではない。逆に、資本主義が機械をつくったのであり、資本主義はそこに新たな断絶を導入し続け、それによって生産の技術的様式を変革するのである[28]」。

機械は発生論的系譜と存在論的系譜が交錯するところで構成される。技術機械は以前から引き継いだ機械の「系統流」（進化）と来たるべき機械の潜勢力のなかに刻印される。この系統流は一義的な歴史的因果律を担っていない。というのは、流れの脱コード化や進化の線はリゾーム的で、複数の分岐が可能だからである。しかしこの不確定な展開はただちに、資本の戦争機械によって捕獲され現働化される。すでに挙げた例に戻ると、中国清帝国の社会機械による蒸気機関の使用はきわめて限定されたもの（子どもの遊び）であったが、この同じ発明を資本主義的社会機械は自らの発展の要石《かなめいし》としたのである。技術機械が資本主義機械を変革するなどという考えは、資本をよくわかっていないから生じるのである。資本の価値化の限界を絶えず移動させるために繰り返し急激な変化（「危機」）を経なければならない資本の通時的機械は、「ひとつの技術機械あるいは複数の同時機能的な技術機械によって変革されることは〔絶対に〕ない」のである。

資本主義的戦争機械は、「学識者や数学者がおのおのの領域で〝分裂症者化する〟ようにする」。つまり、彼らがおのれに固有の専門領域の系統流の流れに沿って仕事をするようにし、「社会的に脱コード化されたコードの流れを、〔彼らが〕根本的に重要とされる研究の公理体系のなかに組織化するようにする」のである。しかし資本主義的戦争機械は、この研究とイノベーションの流れを「いかなる科学的公理体系よりも厳格な社会的公理体系」に従属させる。「その公理体系は過去の消滅したすべてのコードや超コードよりも厳格である。すなわち、その公理体系が世界規模の資本主義市場なのである」[29]。

(27) Gilles Deleuze et Félix Guattari, *L'Anti- Œdipe, op. cit.*, p. 276.〔前掲、ドゥルーズ／ガタリ『アンチ・オイディプス』下巻、三七頁〕
(28) *Ibid.*, p. 277.〔同前、下巻、三七頁〕
(29) *Ibid.*, p. 278.〔同前、下巻、三九頁〕

ドゥルーズとガタリは、まさに、人間と機械の関係を資本の戦争機械の機能の真っ只中で定義する。資本の戦争機械は、恒常的危機状態（この機械は「絶えず変調をきたす」）のなかで、つねに「技術機械の機能には還元できない、テクノクラシーとビューロクラシーによる決定、管理、反動、登録の〔機能を果たす〕社会機関」を必要とする。危機の「管理」は自動装置の介入によってはなしえない。それはテクノクラシーとビューロクラシーの行動によって行なわれるのであり、それは資本のメガマシーンの主体化として作動する。危機は決して純粋に経済的なものではなく、つねに内戦に開かれている。したがってファシストは、ビューロクラートやテクノクラートと並んでそこに介入することができる。

戦争機械は決して非人称的に機能するのではない。自動的に機能しているように見えるときでも、そうではない。なぜなら「ビューロクラートとテクノクラート」がつねに技術的あるいは社会的な自動装置の傍らにいて、自動装置が「故障」しかけるとすぐに政治的・経済的に介入する準備をしているからである。政治家、テクノクラート、ジャーナリスト、軍人、各分野の専門家、ファシストなどがメガマシーンの主体化を構成する。彼らは、貨幣、資本、テクノロジー、戦争などの大きな流れの調整者、管理人、使用人、修復家として介入するが、それだけでなく、性や人種や階級の「統治者」としての機能も果たし、こういった分断統治による服従と隷属の保証人となるのである。

主体性は決定を選択するが、しかしこの決定の選択は機械の機能を確立あるいは復活するためである。主体性は機械が失調したときに、戦争機械が求める戦略を適用する。戦争機械を現働化することができるのは主体性だけである。二〇一八年の金融崩壊のとき、経済、制度、法、テクノロジーの「自動装置」は、権力諸関係を再生産する困難に直面した。そして、資本の機械を構成している多様な諸関係の閉鎖が戦略的に実行されるのを目のあたりにした。

機械と反逆能力

カトリーヌ・マラブーは二度間違いを犯している。一度目は『わたしたちの脳をどうするか？』〔桑田光平・増田文一朗訳、春秋社、二〇〇五年〕において。というのは、彼女はここで、人間（脳の可塑性）と機械（コンピューター）の性質の違いを前提としているから。二度目は『知性のメタモルフォーズ』〔二〇一七年刊行、未邦訳〕において。というのは、彼女はここで、脳とコンピューターの「構造的一致」を前提として前著を訂正しようとしているから。シモンドンはガタリと同じように、これとはまったく違った仕方で問題を取り上げている。すなわち、人間／機械の動的編成を考えるためには、自然と人為、人間的なものと非－人間的なものという二元論を乗り越えなくてはならない。しかし、それは動的編成の構成要素が「構造的一致」を有していることを意味しない。

「主体性」は人間だけが持っているわけではない。それは人間と機械に違った仕方で配分されている。シモンドンは、「技術総体のなかには、なにか生きたものが存在する[30]」と述べている。ガタリも、機械の「生命的自律」については語っていないが（「機械は動物ではない」）、「原－主体性」や、主体化のベクトルとして機能する「言表行為の特異的力[31]」を備えた「部分的主体性」について語っている。

人間と機械の構造的一致は、技術的な動的編成の構成要素が人間と同一の自律性、同一の行動能力を持っていることを意味する。シモンドンはこれをきわめて政治的な立論から認めない。これを「政治的」と言うのは、そこに「拒否」という人間の特殊な行動様態が伴っているからである。シモンドンはこう言う。「技術的存在は道具以上であるが、奴隷以下である。それは自律性を有しているが、制限された相対的自律性であり、人間のように正真正銘の外部を有していない[32]」。したがって機械の原－主体性あるいは部分的主体性は人間の主体性とは異なるのであり、シモンドンはこれを機械はノンと言ったり拒否したりすることができないものであるという言い方で表現している。「最良の計算機械でも、無知な奴隷と同程度の現実感覚すら有していない。なぜなら、奴隷は反逆することができるのに、機械にはそれができないからである」[33]。

シモンドンは、機械は停止したり、変調をきたしたり、要するに「故障」したときに、自ら介入することができるかどうかは自問していない。また、機械は自分で自分を修理することができるかどうかも自問していない（マラブーは逆にサイバネティクス学者と同じようにこれを確信している）。機械はあらゆる行動ができ、「生き物の狂った行動に似たような機能的特徴を示すこともある」が、奴隷が反逆するように、おのれの主体性を「転換する」ことはできない。奴隷は拒否することによって「最終的な目的行動に奥深い変化をもたらすが、それは〔機械の〕変調ではない」。この拒否は単なる機能障害ではなく、存在自体を問いに付し、その目的を変えることを可能にする主体性の急変なのである。

「機械は自己創造的なものではない」。機械は自己調節でき、学んだり、適応したりすること

(30) *Du mode d'existence des objets techiniques, op. cit.*, p. 175.

(31) Félix Guattari, *Chaosemose*, Paris, Galillee, p. 54.〔フェリックス・ガタリ『カオスモーズ』宮林寛・小沢秋広訳、河出書房新社、二〇〇四年／二〇一七年新装版、五七頁〕

(32) Gilbert Simondon, *L'Individuation psychique et collective, op. cit.*, p. 271.

(33) *Ibid.*, p. 272.

はできるが、その適応力は不十分であり、「突然の飛躍」や「急激な断絶」によって「新たな可能性」をつくりだす主体性の転換をもたらす自己創造を理解することはできない。機械は問題を解決することはできるが、問題を提起したり自らの「存在」を議論に付したりすることはできない[34]。

こうした機械の理論において、支配と拒否は生政治に還元することはできない。シモンドンにおいてもガタリにおいても、関係としての機械は生物学に還元することはできない「生き物」の概念を伴う。アガンベンもエスポジトもそうである。奴隷があらゆる生き物と同様に生物学的自動機械であるとしても、奴隷が拒否したり反逆したりするのは、生命に必然的に伴う器官の自動作用によるのではなく、奴隷の非‐器官的な力によるのである。「自動機械は機能的に生命と同等でありうる。というのは、生命は自動機能、自己調節、生体恒常性《ホメオスタシス》といったものを包含しているからである。しかし自動機械は個人と同等の存在であることは絶対にできない[35]」。

拒否や反逆は単なる遮断ではない。サイバネティクス学者やマラブーは、サイバネティクス機械は「自らの自動性を止めることができ」、そうやって人間的主体性を偽装することができる、と考えている。マラブーはこう言う。「機械は機能をさらに高めるために変調する」、そして「故障や停止のあとの再組織化は自動性の効果を強化する」。それによって機械は「新たな調節の入り口に達する」[36]。経済危機の打撃を自己修整によって修復することができる自己調節機能を備えた「市場」という考えが、ここでもこうしたテクノロジー思想の手本になっているのだ。しかし「もっと無知な」奴隷は、これとはまったく違ったラディカルな仕方で拒否し、遮断する。奴隷はおのれの奴隷化を取り仕切る自動装置の権力を無力化するために遮断するのであり、その機能を改良したり生体をを維持し均衡を保つために拒否したり遮断したりするのではないのだ。奴隷は自分の主体性の転換の可能性を切り開き、自らが搾取され隷属化している状態に抗して新たな状態に向かうために遮断するのである。奴隷の反逆は非‐器官的なのである。そして、ここで統治の問題が浮上する。統治の根元的機能は「革命」を予知して解体し無害化することであり、したがってそれは非‐器官性の政治なのである。統治は人間生活に介入し、病気や健康や生や死に携わるだけではない。それよりもっと根元的な仕方で、可能なことと不可能なことを決めるのが統治の役割なのである。

革命機械の試金石は、この統治の関節を資本主義的機械装置の法体系を停止する切断によっ

(34) *Ibid.*, p. 274–275.
(35) *Ibid.*, p. 274.
(36) Catherine Malabou, *Métamorphoses de l'intelligence*, *op. cit.*, p. 152.

て脱臼させることである。とくに統治がもたらす可能事と不可能事の配分を攪乱し、新たな行動の可能性を生み出すことである。資本主義機械の秩序のなかで、不可能なことを可能にする(「現実主義でありつつ、不可能を求めよう!」〔ゲバラの言葉〕)ことを目指すならば、破壊と創造は相補的である。このことは、戦争機械が主体性の「急変」、転換、そして資本主義の乗り越えを実現するためには、資本に対する「戦争」を目指さなくてはならないということを意味する。そしてこの「戦争」は、人間と密接不可分に結びついた機械をも解放しなくてはならないということである。

二十世紀の社会主義革命の失敗の最大の理由は、機械と労働者についての考え方やその使い方の問題である。社会主義(そしてマルクス主義)は、資本主義とまったく同様に、技術機械を構成する多様な諸関係を物質的に実体化し、それを「物質的決定論として現状と整合する」ようにしたことである。そうであるがゆえに、ソ連は技術革命を試金石と見なして(「ソビエト・プラス電化」)、資本主義に対するオルタナティブを考えつかなかったのである。こうして人間/機械関係の「不確定な余白」は、人間、機械、自然を隷属させる生産性に従属させられることになった。社会主義国家は資本主義モデルを模倣することで充足し、テイラー主義の適用を加速し、生産性の向上のために「スタハーノフ運動」を取り込んだ。社会主義国家は機械を物として位置づけ、労働者を「造物神」の位置に持ち上げ、自然を支配の対象としたのである。

オートメーションと決定

ベルクソンによると、有機体の複雑さの増大は、神経システムを複雑化する必要に由来するという。なぜなら、脳と神経のシステムの複雑さを最大化すれば、作用と反作用の間隔に影響を与えるからである。この複雑さは何によって成り立っているのか？　自動的活動力と意志的活動力の同時的発展である。この二つの発展の次元は対立しない。なぜなら、自動装置は意志に「見合った道具」を提供するからである。

『ヴィデオフィロゾフィー』

シモンドンは、機械は生き物を模倣することによって自分の自律性を獲得することができるという考えの脆弱さを指摘している。機械の観点、厳密に技術的な観点に立てば、「純然たる」自動装置は存在しない。シモンドンは言う。「技術的対象にふさわしい関係は、生き物と非－

生き物の結合として把握しなくてはならない。人間を排除して生き物を模倣する純然たる自動装置は神話である［…］。すべての機械を統合するひとつの機械は存在しない」[37]。自動装置が存在するとしても、その性質は社会‐政治的なものであらざるをえない、とシモンドンは言う。つまりそれは戦争機械によって構想され構築されたものであらざるをえない、とわれわれは言おう。自動装置（規範、法、市場）は、つねに戦略、計画、支配への意志、権力の意志から生じる。

グレゴワール・シャマユーもまた、戦争のオートメーションについての分析のなかで、われわれが批判する観点を否定している。「自動化が自動的に行なわれると信じているところに政治的誤りがある」[38]。技術機械が自動的であるのは、技術機械を自動性という機能に還元した戦争機械が決して自動的ではないからである。オートメーションは主体性、指令、戦略といったものを非人称的機能のなかに消失させるのではなく、むしろそういったものの能力を高める。ネットワークの設置は、権力を「分散」させるのではなく、権力をいっそう集中することに寄与する。「〝ネットワーク戦争〟の理論家たちは、ニューテクノロジーは指令の分散化を可能にすると考えているが、〝これまでのところ、自動操縦装置の実験はその逆を証明している。〟人間が〝機械〟を優先してコントロールを失うのではなく、下位の操縦者が上位の階級を優先して自らの自律性を（さらに）失うということである。全面的なロボット化は、これとは違って、より目立たずより経済的ではあるが進化したやり方で、この決定の中央集中化をさらに強化する[39]」。

ドローンのコンピューター・プログラムにおいて「正当な標的しか狙わない」という要請に従うこと、あるいは「殺される市民の命と期待される軍事的優位とのバランスの閾値を特定する」ことは、「決定のための条件《パラメーター》を特定することを意味するが、この特定はプログラムそのものによって行なわれるのではない。つまり決定のための条件《パラメーター》――決定についての決定――をあらかじめ選択しておかなければならないということだ。指令の中央集中化は、たとえそれが命令よりもプログラムの仕様によるものであっても、とてつもないスケールになる」。自動機械《ドローン》が「最低限の殺戮」という変数に従って任務を遂行しなければならない場合、「この変数に対応する値は何か？　わからない。三十人以上の市民を殺すこと？　OK、そうであるとしよう。しかし、一語で、あるいはキーボードを一回叩くことで実行される、この決定についての小さな決定が、具体的きわまりない波及的効果を発揮するのである[40]」。

(37) Gilbert Simondon, *Du mode d'existence des objets techniques*, *op. cit.*, p. 363.
(38) Grégoire Chamayou, *Théorie du drone*, Paris, Fabrique, 2013, p. 287.〔グレゴワール・シャマユー『ドローンの哲学――遠隔テクノロジーと〈無人化〉する戦争』渡名喜庸哲訳、明石書店、二〇一八年、二三八頁〕
(39) *Ibid.*, p. 299.〔同前、二四七―二四八頁〕

こうしたニューテクノロジーは、技術機械を戦争機械に結びつける「きわめて不完全な」システム的要素を抹消するか移動させる。しかしそれは権力関係の「水平化」を意味するのではまったくない。もう少しあとで見るように、ボルタンスキーとシャペロあるいはダルドとラヴァルが考えるのとは逆に、同じことは企業や金融の世界でも起きている。自動装置が企業内で労働者に「小リーダーの横暴から逃れる可能性」を与え、位階序列をいくらか排除することはできても、自動装置は労働者をもっと恐るべき専制的権力に従属させるのである。

テクノロジーシステムが証券取引の操作を加速するために設定する「自動的誘導装置」は、位階性や指令を消滅させはしない。むしろその決定力を強化する。（アンダースが考えるのとは逆に）諸機械を統べるひとつの機械は存在しない。社会や証券取引所を統治する自動機械は存在しない。自動機械は決定力を中央に向かって集中する。それは決定力を抹消するのではなく高める。自動機械は位階序列の上位の場所により大きな権力を与える。自動機械も含めて機械はつねに、ある外部の要素に依存する。機械と人間は集合的な動的編成のなかに組み込まれ（社会機械と戦争機械）、この動的編成が機械と人間を一体として生産・再生産する。「問題は〝人間〟と〝機械〟のどちらが主導権を持っているかということではない。それは遅れた問題設定である。現実に重要なのは、まずもって国家装置にほかならないこの〝武装した人間集団〟の物質的・政治的な自動化である」[41]。われわれとしては、重要な鍵を握るのは資本の戦争機械であると言おう。国家は資本の戦争機械のひとつの連結装置でしかない。そして自動装置化は、資本の国家からの「離脱」戦略のテクノロジーによる実現にほかならない。戦略はつねに、戦略自体の主体化、その「武装部隊」を必要とするのである。

加速主義者、ポスト労働主義者、サイバーフェミニストなどの理論は、決定力とオートメーションの関係を説明することができない。なぜなら、それらの理論は、資本主義戦争機械の（内戦的）対立戦略を問題にすることを注意深く回避しているからである。しかし技術と科学の「可能性」の現働化は、この対立戦略に依存しているのだ。（法的、経済的、テクノロジー的）自動装置は、フォーディズムから新自由主義への移行がなぜ、どのようにして起きたのかを決して説明することはできない。産業資本に対する金融資本の覇権、「金融危機や新たなファシズムの台頭」の管理の仕方を説明することはできない。この歴史的曲り角、この「主体性の断絶」を把握するには、分析の中心に、テクノロジーや科学の「可能性」ではなくて、科学やテクノロジーによる政治を方向付ける戦略的急変を置かなくてはならない。

この主体化は社会「機械」とその法則に従属していること、そして主体化は社会機械を金融

（40） *Ibid.*, p. 299–301.〔同前、二四九頁〕
（41） *Ibid.*, p. 304.〔同前、二五一頁〕

機械に奉仕するように仕向けていること、諸国家は資本の戦争機械のメカニズムに従属していることを考慮しなくてはならない。さらに、社会機械の「管理者」は敵対者であり、メガマシーンの機能に敵対する者に対して内戦を仕掛けていることを考慮しなくてはならない。

シモンドンとガタリは、技術についてのハイデガー的考えに真っ向から対立するラディカルな機械理論を展開した。しかし、一九六〇年代七〇年代のすべての理論家と同様に、戦略的観点から支配や従属を取り上げたあと、進行中の戦争に対して不可能な解決を探す方向に向かった。シモンドンは、疎外の問題を取り上げて、それは関係についての新しい発案によって乗り越え可能であるとして、関係の創造的側面を強調する。ガタリは戦争機械という概念を発案したが、晩年の著作のなかでそれを放棄する。ガタリの研究活動を締め括る美学的パラダイムには、変化、創造、主体化としての戦争機械と、資本主義の乗り越えを目指す戦争機械との分離が認められる。しかし、われわれとしては、まさにこの後者の戦争機械と再結合しなくてはならないのだ。

労働の組織化における戦争機械と技術機械

大企業はかつて、資本の機能とその政治戦略を把握することができる場所であると同時に、革命闘争を組織し展開する空間でもあった。しかし今日、そこには経営者の戦略しか存在しないような印象を受ける。経営者はサイバネティクス機械がもたらす情報のオートメーション化によって政治的分離を強化している。それにともなって、労働の組織化が抽象化の度合いを増し、それが労働者の主体性に奥深い影響を与えている。

マリー゠アンヌ・デュジャリエは、大企業の労働の組織化における指示や指令を「装置を介したマネージメント」として描いている。[42] それはまた「マネージャーなきマネージメント」と言うこともできる。というのは、マネージャーは生産現場から「離れた場所」で、「抽象的労働」の原理に従って、労働や労働者について何ひとつ知らないまま賃金労働者の行動を導くからである。デュジャリエは、労働者や消費者に対して、フーコーが住民について展開した遠隔統治という考えを適用している。住民は、しなくてはならないことを、どのように、どんなリ

(42) Marie-Anne Dujarier, *Le Management desincarné. Enquêtes sur les nouveaux cadres du travail*, Paris, La Découverte, 2015. 以下の引用はすべてこの本からである。

ズムでするか、どんな手順、どんな程度でやるかということを指図する情報装置を通して自己実現する。こうした装置はデュジャリエが「プラヌール」〔「計画する人（プランナー）」と鳥のように空を「飛ぶ人」を掛けた言葉〕と呼ぶ者によって構想されつくられる。彼らが「プラン」によって労働を組織するからである。彼らは人間の活動を合理的な単線的モデルに従って解体・再構築可能なものと考えている。他方、彼らは具体的労働の上空を飛んでいる「飛ぶ人」でもある。

われわれの関心を引くのは、デュジャリエがフーコー（とアガンベン）から借用した「装置」という概念である。われわれはこれを、技術機械と戦争機械の分割という光に照らしてさらに展開したい。デュジャリエは、装置を人間相互のあいだの関係を仲介するもの（オブジェ）と見なすとともに、「機械」として定義している。彼女は、「装置」（機械）は奴隷であるが、それは別種の奴隷（労働者）をつくる奴隷である、と考えている。この文脈に沿って付言すれば、装置はさらに別種の奴隷、「免状を取得した高給取り」によってつくられるということだ。そして抽象的労働機械は、「高給取り」の知性、知識、専門能力を、経営指導部によって決められた生産効率や合理的指示のためにコントロールし、搾取し、従属させる、ということになる。現代的労働の組織化において、「企業」（自動車工場、学校、失業調査機関、病院、スーパーマーケット、裁判所など、なんでもでもいいが）は、労働者との政治的分離を実現するための戦略、装置、権力関係といったものを見つけたのではないかと思われる。

デュジャリエは、労働の組織化の現代的様態を「関係なき社会関係」という衝撃的な言い方で呼ぶ。彼女が言いたいのは、任務、機能、行動といったものが「プラヌール」の考えた装置を通して経営指導部によって一方的に課されているということである。この「関係なき社会関係」は、「労働者」の最大の弱点であると同時に、通常はさしたる抵抗も受けず仮に抵抗があっても容易に排除する力を持つ資本主義を牽引する雇用者に対して、力関係で対抗する労働者の能力の見せ場でもある。

したがって、プラヌールは資本の政治的離脱戦略の鍵を握る存在である。彼らは協同関係を組織し、経営指導部の決めた成果を増大させるために、情報装置を通して労働力を規格化し、測定し、コントロールする任務を負っている。(43) そしてそのために、生産に対して物理的、時間

(43) 資本力が弱い事業(学校、裁判所など)では、管理ソフトが不変資本の代わりになる。というのは、管理ソフトが、やり方、実行時間、活動のテンポ、生産の質などを決定するからである。工場では多くの指令が機械の機能のなかに組み込まれている(機械に組み込まれた権力は、人に直接働きかける社会機械の権力によって倍増する)。〈ソフトウェア〉と〈ハードウェア〉は新たな型の「不変資本」を構成するが、これを「社会的資本」と形容することができる。というのは、これはいかなる種類の活動とも組み合わせることができる普遍的機械だからである。この種の社会的不変資本はとてつもない投資を必要とし、世界エネルギーの八パーセントを消費している。

的、組織的、感情的な距離をとる。この「分離」戦略は、現代の資本の性質によって可能となったものである。現代の資本は、マルクスの考える資本主義とはちがって、生産のために方向付けられているのではない。[44] そうではなくて、現代の資本は直接「株式価値」へと方向付けられている。企業の生産力の指標や尺度は産業によってではなく財政状態によって決められるのである。

遠隔統治の装置は、もともと労働者であったテイラーや、産業労働に通じていたテイラー主義の時代のマネージャーたちとはちがって、労働や労働者について何も知ることなしにつくられている。まぎれもない抽象労働に携わるプログラマーが、「プラン」、方法、ソフトウェアを通して操るのは、数字、価格、効率、コスト、統計である。抽象化の操作は、「具体的状況への参照」をしなければしないほど容易になる。

プラヌールはこの権力機械を構築するために、テイラー主義的マネージメントではなく、労働や労働者と切り離された徹底的抽象化を行なう。たとえばプラヌールのひとりはこう言っている。「ここでは労働の話は聞いたことがありません。管理や手順や最終目標や成果の話はしますが、労働の話はいっさいしません。私は手続きや測定や偏差などにたずさわるだけです。私は労働者の労働にタッチしたことはありません」。「ストレスがたまります。というのは、私は労働者の仕事を知らないからで、なにもコントロールできないからです。私は機械装置は知っていますが、自分が何をしているのか知らないのです。労働者がしていることにアプローチしようにもしようがありません。彼らが何をしているのか感じ取ることができません」。プラヌールは「自分が何をしているのか知らない」つまり「仕事を持っていない」のだが、にもかかわらず彼らが「他人の仕事を規定している」のである。つまり実際には、プラヌールは仕事を持っていて、それはすべての仕事を統べる仕事だと言えるだろう。要するに、いかなる労働をも抽象化し、そこから「抽出された価値」を「最大化」するという仕事である。

この基本的任務の遂行はいっさいの中身に対する「無関心」をもたらし、これは現代の企業のなかに如実に現れている。「私はあるハムのメーカーでソフトウェアの仕事をしていました。しかし私はハムについて何も知りませんでした。私のたずさわっているソフトウェアに従って、労働者が生産労働や在庫管理などをするのです。しかし私は、これまで一度もハムの生産現場を見たことがありません」。

こうした労働現場との「隔たり」は、生産過程が労働者の手中にあるとか、協同作業が資本

(44)「それ〔資本〕が売りたいのはサービスであり、買いたいのは行動である。それはもはや生産のための資本主義ではなく、生産物のための、つまり販売あるいは市場のための資本主義である」(Gilles Deleuze, « post-scriptum sur les sociétés de contrôle », *Pourparlers*, Paris, Minuit, 2003, p. 245〔ジル・ドゥルーズ「追伸——管理社会について」、『記号と事件』宮林寛訳、河出文庫、三六三頁〕)。

家によって課されるのではなく機械を組み込んだ労働者の自律を表現するとか、といったことを意味するのではまったくない。認知資本主義を唱える私の友人たちが、このことをまったく理解していないのは、まったく理解しがたい。資本主義においては、自律と独立は資本の戦争機械からもぎ取らねばならないものである。十九世紀の「無教養の」労働者と同じように、現代の労働者は――認知労働者であろうとなかろうと――自らの独立と自律を政治的に明示しなくてはならないのだ。労働の拒否なくしては、労働者は資本の一要素（「人的資本」という「可変資本」の近代的ヴァージョン）にすぎず、「経営者」のために奉仕する生産機械の単純部品にすぎないのである。

「労働」という言葉が事実上プラヌールの語彙にはないとして、「逆に、労働力のコスト計算、品質、価値などの測定装置は至るところに存在する」。労働力の規定や規格化には、労働者自身によるのではなく経営指導部によって設定された強迫的・持続的な評価が伴う。評価と装置は、測定しがたいものを測定し、質を量に変え、質から量を現出させることを目指す。想定しがたいものとは、もちろん抽象化された労働ではなく、「生きた労働」のことである。プラヌールは、「現実の労働」は「所定の労働」には還元できないこと、いかなる労働にも「曖昧さ、不確実性、非論理性、非合理性といったもの」がつきまとうことを完全に自覚している。彼らは、抽象化が具体的労働・生きた労働を消し去ることはできないことをよく知っている。なぜなら「抽象化された労働」は具体的労働から引き出されるものだからである。「所定の労働」に「現実の労働」を対置し、資本に敵対しない「労働の拒否」なき「抽象化された労働」に「生きた労働」を対置することは、目的達成が絶対に不可能な政治戦略である。なぜなら、この二項対立の弁証法は、すでに労働の組織化のなかに組み込まれているからである。

主体性の吸血鬼

戦争機械の機能は（技術機械の場合と同様に）多様な主体性の介入と不可分に結びついている。資本は吸血鬼が血を吸うように主体性を吸い込む必要がある。現代の資本主義企業は、自動装置がそれ自体としては自動的なものではなく、さまざまな主体性によって構想され、つくられ、維持され、受容されなくては機能しないことをよくわかっている。このさまざまな主体性とは、さまざまな段階の「奴隷」であり、この「奴隷」としての主体性が技術機械と人間を企業の機械装置に従属させる過程に参与するのである。

「自動機能」装置は、まず企業の戦略計画（プラン）のなかに組み込まれ、企業の指導部によってプラヌールに委託される（決定から行動へ）。次いで、それはプラヌールによって生産されるが、プラヌールは経営指導部の意志をテクノロジー、記号、手順、プロトコルといったものに変換する。遠隔地にいるマネージャーに実戦部隊が取って代わり、この実戦部隊が生産のための装置を機能させ、それを維持し、改良し、労働者の状況にあわせて適用（人への直接指令）する。抽象化された労働は具体的労働に宿命的に課されるのではない。それはものごとの非人称的作用のなかで人間の活動を滅却するものではない。それは、多様な主体性を動員し、各段階において、機械と人間、人間的なものと非－人間的なもの（機械、記号、手順）を動的に編成する戦略から生じるものである。

経営指導部自体が、生産を割り当てられた賃金労働者に課されるのと多くの点で同じ単純化、切断、搾取といったものにプラヌールの主体性を従属させる厳格な労働の分割に従って組織される。その意味で、プラヌールは指導部の要員なのである。しかしながら彼らは「大きな生産機械の〝歯車〟にすぎないと自らを規定している」。そして「自分たちは支配され、物化され、操られた従属的賃金労働者であると語る」。彼らは「支配された支配者」として活動するのであり、おそらくこれが最も明瞭かつ正確な定義であろう。しかし彼らは、「経営者」との関係において多様な機能を担う新たなタイプの結びつき方を構成している。デュジャリエは、彼らの「経営者」との新たな結合の仕方を七種類挙げている。「私的もしくは公的所有者として、取締役会のメンバーとして、賃金労働者の指導幹部として、専門的プラヌールとして、企業の中枢幹部として、財務の調整幹部として、マネージメントの責任従事者として」。ここで多様な論理が企業の方針の機能と主体性のあり方にかかわっているが、その論理の相互的「結びつき」と調停、決定、戦略的選択といったものは、昔の企業と同様に最終的に「経営指導部」が担うことになっている。権力の集中は資本主義生産の法則であり、それは「権力の分散化」といかなる矛盾もきたさないのである。

マネージメントのソフトウェアの構築は、厳格に位階序列化された労働の分業に従ってなされる（「細分化されたマネージメント」において、おのおのがプロジェクト全体を制御することなしにそれぞれの任務を遂行する）。それはプログラマーが知らないまま部分的にしか制御することができない戦略に従って組み立てられている（そこから「私は一兵卒にすぎない！言われたことをやるだけだ」、「私は〝ガイドライン〟を受け取って、それに従うだけだ」といった言葉が出てくる）。こうした多様きわまりない形式（電子端末、インターネットサイト、情報システムなど）をとる「プラットフォーム」の生産者として抽象化を行なう労働者は、三重の仕方で目を塞がれている。すなわち、企業の戦略、自分たちが組織している労働、そして装置の構築そのものについて、彼らはその一部しか知ることはなく、また一部しかコントロールすることができないのである。

知能、知識、ノウハウといったものは、いかなる知識、いかなる知、いかなる専門知識が、いかなる枠組みのなかで、いかなる目的のために動員されるべきかを教える抽象的労働の戦争機械に従属している。プラヌールは、仕事から離れて「読んだり、考えたり、距離をおいて見たりする時間」を持つことができない。彼らは「自分たちの役割を維持するために」、「自分たちの果たしている機能のいくつかの領域について考えること」を回避しなくてはならないのだ。それは「流れ作業をする労働者が自分のポストを守るために自分の置かれている状況について問いを発することをやめる」のと同じことである。知能、創造、発明といったものが、企業の戦争機械によって定められた限界内でしか発動しないということだ。「知」は企業による価値化の縛りによって選別され形成されるのである。「したがって彼らはある枠組みのなかで思考するように強く要請されている」。すなわち合理化と抽象的労働の量化という枠組みであり、「彼らはその枠組みを自分自身で考えることはできない」。抽象的労働の目的や機能様態を考えたら、「職業的非効率に陥り排除される危険がある」のだ。企業機械はプラヌールの分離と調教を行なう。プラヌールは「枠組みから逸脱することを阻止され制限される一方、枠組みのなかで創造性や抽象化の技能を素早く連結的に発揮するのだが、これは社会的次元で分断され、規定され、序列化されコントロールされる」ということだ。

プラヌールの知能は基本的に資本の戦争機械の知能であり、プラヌールはその戦争機械の請負人であり犠牲者なのである。プラヌールの知能は自分が機能している「枠組み」を拒否しないなら、自分が歯車となっている生産を停止することなしに、いかなる自律も独立も持ちえないのである。〈一般知性〉が資本主義的価値化の論理から免れることができるのは、こうした条件下においてしかありえない。それは「認知資本主義」の理論家たちが主張するのとは逆である。彼らは二十世紀前半の社会民主主義者と同様に「知」と「権力」を混同しているのである。社会民主主義者たちは「〃知は力なり〃という合い言葉を疑わなかった。[…] 彼らはブルジョアジーのプロレタリアに対する支配を強化したのと同じ知が、プロレタリアの自己解放を可能にすると信じていた。しかし実際には、知はプロレタリアが階級として置かれている状況について何も教えず、また実践へのいかなる通路も提供しなかった。知は抑圧者にとって無害だったのである」(45)。プロレタリアが政治的に自立するには、これとはまったく別の知、闘う知が必要なのである。

情報装置の設定、維持、適用、改良は、情報装置そのものとは別の主体性の動員を必要とす

(45) Walter Benjamin, « Eduard Fuchs, collectionneur et historien », trad. fr. R. Rochlitz, *OEuvres III*, Paris, Gallimard, 2000, p. 181–182.〔ヴァルター・ベンヤミン「エードゥアルト・フックス——蒐集家と歴史家」浅井健二郎訳、『ベンヤミン・コレクション2　エッセイの思想』ちくま文学芸庫、一九九六年、五六九頁〕。

る。すなわち経営指導部による多様な介入（変革管理《チェンジ・マネジメント》の専門家、管理運営の監視人、情報処理の専門家、コンサルタント、会計監査官、育成者、情報提供者《インフォメーション・プロバイダー》、私的保証人など）や労働者自身の介入であり、したがってそれは自動的なものではない。そうではなくて、人間／機械の動的編成なのである。

他方、装置そのものの維持はしだいに大きな位置を占め、生産そのものからますます逸脱するようになる（「装置そのものの維持に割かれる時間、つまり生産労働時間以外の時間が占める比率は、中級管理職では少なくとも五パーセント、上級管理職では少なくとも五〇パーセント、そして企業本社では約九〇パーセントと推定される」）。抽象的労働の強化は、労働者に「生産」労働に加えて、ドゥルーズ／ガタリ的に言うなら「反－生産」労働を増大するように強いる。これは新たな様態においてであるが、労働者に嫌悪感を与え続ける労働である。というのは、「生産活動という観点から見ると、装置による枠付けは多数の反－生産活動的プロセスを生み出す」からである。アルゴリズムによる先導は、労働者のなかに「〝混乱〟をもたらし、装置の無効性を日々確認する」という事態を生じさせる。「〔労働者は〕どうして自分たちの雇用者が、労働する気力を失わせるための工夫にこんなにもたくさんのお金を使うのか、理解に苦しむ」ようになる。

資本主義的観点からすると、このお金は大変よい支出である。なぜなら、このお金は――これはマリー＝アンヌ・デュジャリエのきわめて革新的なテーゼであるが――、労働者の活動の中心を移動させることになるからである。装置は「生産の部分的自動化に加えて、組織された労働をも自動化する」。しかし、テイラー主義のなかで起きたこととはちがって、労働の抽象化においては、労働活動を単なる実行の位置に還元するだけでは、すべての労働活動（とくに生きた労働あるいは現実の労働）を抹消することはできないので、労働活動を「マネージメント機械に集中する」ために移動させなくてはならない。つまるところ、戦争機械に集中しなくてはならないのである。プラヌールは「労働者が感じたり、考えたり、何か言ったりすることをやめることを望まない」。彼らは逆に、「そうした労働者の能力が、機械の〝限界を超え〟、現場の状況に従って機械を訂正し、修理し、適応させるために各自が自律化し創造性を発揮するように」求める。「この状況的に失われていると思われた自律化への呼びかけは、ある移動を意味する。すなわち、労働活動が生産に向かうのではなく、装置自体の維持に向かうことを意味する」。言い換えるなら、労働活動は「抽象的労働」を生産するマネージメント機械の改良に向かうのである。

権力機械をスムーズに回転させるために、枡目に印をつけ、評価表に書き込み、できる限り精確に記載し、会議に参加するといった活動が、工業労働者、大学教授、病院の職員、裁判所の職員、貧困者支援施設の職員などにとって、共通した活動になっている。装置自体を回転させることが、「プラットフォーム」にかかわる不安定労働者に課された労働の枢要部分をなしているのである。ウーバーのような企業にとって、輸送よりも情報収集、配達員と客による評価の方が重要なのである〔アメリカの運輸企業ウーバーの配達員は独立請負業者である〕。

序列の各段階は人間／機械関係を活性化するためにそれぞれ特殊な従属を求められるが、すべては抽象的労働機械に奉仕するように設定されている。こうした統制と支配のための活動を無益で寄生的なものと見なすと、資本主義の実態を取り逃がすことになる。資本主義は単に「生産」様式であるだけではなく、権力の様式でもあることを忘れてはならない。権力諸関係の生産と再生産は、つねに技術、時間、心的エネルギー、そして無数の「下僕」を必要とするのである。

デュジャリエの著作における大企業の分析は、企業を完全に再構成した変化の一部しか扱っていない。私は、イタリアを例にとって、これを補足してみたい。イタリアでは資本の先導はフランスよりも進んでいて、「労働者」の弱体化もいっそう進んでいる。

かつて共産主義労働者の力が強かった名門造船企業（チトーによるユーゴスラビア創設時には、ここの三千人の造船労働者が、ユーゴスラビアの造船所に「社会主義」を建設するために国境を越えていった）の従業員は、一万二千人から千二百人に減少した。しかも千二百人のうち現場労働者は少数である。なぜなら、彼らの仕事は下請け業者に外部委託されたからであり、この下請け業者がさらに他の下請け業者に外部委託するという構造になっている。そして、この多様な下請けの労働者は、十カ国ぐらいの異なった国籍からなっている（たとえばバングラデシュ出身者が二千人もいる）。下請けの序列が下にいけばいくほど権利と保障は希薄になる。収入、地位、「人種」による分断は、「労働者の力」を消し去る。

イタリアの大企業の経営者は、フランスのMEDEF〔フランス企業運動の略称で、日本の経団連に相当する最高経営責任者の組合〕が夢見てきたものを設置しつつある。[46] すなわち、〈企業福祉〉を徐々に〈「一般」福祉〉に置き換え、労働力の分断を強化するということである。かくして大企業の労働力の置かれている条件は工業化の初期の時代に戻りつつあるように見える。つまり家父長的経営者が労働者の生活に死ぬまでかかわるということだ（これはフーコーに欠落しているヨーロッパのもうひとつの生政治的変化である）。第二次大戦後の労働運動の先鋒であった金属労働者はさらに先まで進んでいて、部門別協定を受け入れている。これは各部門の労

(46) 経営者は賃金労働者や住民の貯蓄、年金基金、健康保険などを含む「新型資本主義」を夢見ている。なぜなら「それらは競争社会のなかで管理されて、企業の機能を担うことになるからである」。一九九九年、MEDEFのナンバー2ドゥニ・ケスラーはサービス企業のための社会的支出を二兆六〇〇〇億フラン〔国家予算の一五〇パーセント〕と見積もっている。社会保険のメカニズムの民営化、社会的政策の個人化、社会的保護を企業の機能に組み込む意思といったものが、「ヨーロッパモデル」の破壊計画の核心にある。

働者の「同業者」福祉を想定したものであり、「ヨーロッパモデル」への死刑判決、アメリカモデルの影響力の増大を意味する。

ニヒリズムの起源と源泉としての企業

マリー＝アンヌ・デュジャリエの研究は、資本の戦争機械が造形する主体性の致死的危険性、そしてそれが社会や世界を危険にさらすことを明示している。いかなる活動をも抽象的労働として扱うこと、言い換えるならすべての活動を量的に測定することは、活動の内容や使用価値に対する根底的な「無関心」をもたらす。この「抽象化」の帰結は恐るべきものである。なぜなら資本蓄積は、それが絶えず乗り越えようとする量的限界以外のなにものにも関心を示さないということだからである。

この危険をプラヌールは察知しない。逆に、抽象化は彼らに「遊びの感覚」をもたらす。彼らは、状況や主体性にかかわる特異性との関係をいっさい失うため、振る舞いや任務や行動の解体と再構成を「ゲーム」と見なすようになるのだ。デュジャリエは、こうした人材の管理の専門家が新たな使命に熱狂するさまを描いている。この新たな使命とは、たとえば「五百人の人間をたった三カ月で易々と解雇すること」である。プラヌールにとって、それは「すばらしいチャレンジ」なのである。彼らは「エキサイト」し、「大急ぎでこの仕事にかかる」のである。それは微妙な方程式の解決に似ていて、彼らはそこで知能や巧みさを発揮する。「なかなかうまくいかないがおもしろい、やりがいがある」というわけだ。このプラヌールの「おもしろい」、「やりがいがある」という「ゲーム感覚」には、世界や他者との危険かつ暴力的な関係が潜んでいる。

こうした枠組みそのものを問いに付すことをあらかじめ抑止されている合理性と知能によって枠付けられた選択／偽造は、すでに第二次世界大戦時に現れている。このとき、労働の組織化はかつてない強度と拡張に達した。第二次大戦時におけるユダヤ人の大量虐殺は資本主義的合理化の卑劣きわまりない結果にほかならない。その条件は、現代の労働組織化においても、たいして違いのないかたちで再生産されている。「見ないようにすること」は、ナチスにかぎった例外的姿勢ではない。人が組み込まれているものの帰結を見ようとしないことは、労働の科学的組織化のなかに奥深く刻印されている。それは労働の組織化の機能と法則の構成要素なのである。現代における抽象化労働者の証言はそのことをまぎれもなく示している。

キャリアを積むには「乗り越えがたいゲームのルールがある。すなわち、自分たちが日々操っている象徴の具体的実態の次元を思い描くことを避ける」ということである。プラヌールは「数字の背後に何があるかを知る必要はない」。というのは、問題意識を持ち始めたら、仕事が遅れ、おのれのキャリアに危険が生じるからである。「私が開発したこのパッケージ・プログラムが、これを使う人々の労働の現実にどんな影響を与えるか私は考えたことがない。問題意識を持ってはならないのだ［…］。新たな管理プログラムを売るときには、それに意味があるかどうかなどは考えずに、一般論に基づいてやるのである。仕事を続けるためには問題意識を持たないことが必要なのである」。抽象化作業を行なうためには、合理化や生産性や成果などと関係のないすべてのことに無関心であらねばならない。プラヌールは生産労働現場の実態から目を背け、「無関心の社会的構築」に貢献するためにテクニックを用いる。「私は止まらないため、現実から逃れるため、考えないためにスピードアップする。スピードを出すと何も残らない。スピードアップすると、感じなくてもよくなるのだ」。

資本主義的労働の組織化は潜在的犯罪者をつくりだす。それはニュルンベルク裁判におけるナチスのように、「生産」の結果について、そしてそれへの自分たちのコミットの結果について責任を感じない人間をつくりだす。なぜなら、彼らにとっては、資本にとってと同様に、すべての生産は、合理的に組織され、量的な計算可能性の指標に見合っていれば有効であって等価であるからだ。すべてはナチスのように繰り返される。「われわれは仕事をしただけだ」、

「われわれは命令に従っただけだ」というわけである。彼らは自分たちが動かすとともに自分たちがその犠牲者でもある戦争機械のなかで、戦争機械のために活動する。怪物をつくるのは理性の睡眠ではなく、ニヒリズムの社会的構築の一線を越えた「平穏な」労働の組織化なのである。

したがって、ギュンター・アンダースのテーゼはなお今日性を保っているように思われる。それは知能労働（あるいは認知労働）の労働者の最新世代にたやすく適用することができる。労働の組織化の変化は、「無責任」な行動や主体性の生産における資本主義企業の責任を問わない。プラヌールはナチスの犯罪者と同じ危険に身をさらしている。プラヌールは「企業によってしつけられた自分たちの行動を基本的に受け入れている」[47]からである。

企業家にとっては、扱うものが車であろうと、ヨーグルトであろうと、スポーツイベントであろうと、不動産であろうと、人々の健康であろうと、何であろうとかまわない。この生産物の中身や目的についての無関心は労働にも移行する。労働もまた、いっさいの使用価値を捨象

(47) Günter Anders, *L'Obsolescence de l'homme. Sur l'âme à l'époque de la deuxième révolution industrielle*, trad. fr. C. David, Paris, L'Encyclopedie des nuisances, 2002, p. 320.〔ギュンター・アンダース『時代おくれの人間（上）』青木隆嘉訳、法政大学出版局、二〇一六年新装版、三〇二頁〕

されるのである。資本主義企業は労働者に「全面的コミット」を求める。労働者は自分の生産するものの何たるかを感じないようにしなくてはならない。これは生産と生産物のきっちりした分離をもたらす。「生産物の道徳的ありかたは（毒ガスであろうと水素爆弾であろうと）、生産に参加する労働者の道徳心に一点の陰りももたらさない」。「いかにおぞましい生産物でも、労働者自身に影響を及ぼすことはない[48]」。労働はお金と同様に「臭いがしない」のである。「いかなる労働もその生産物のせいでけなされることはない」。

働く人間は、「現実を見ないこと、あるいはむしろ自分がしていることを知らないこと」、「自分の生産物を尊重しないこと」、「自分がしていることを知ろうとしないこと」という「内密の誓い」をする。プラヌールの例に示されているように、結果を「知ること」は働くための不可欠の条件ではない。まったくその逆である。「知らないことこそ企業の利益にかなうのである。ここで、彼〔プラヌール〕は知る必要があるであろうと前提するのは誤りである。実際、労働行為そのもののなかにおいて、生産物のイメージ（あるいはそれが何に使われるかということ――それはいずれにしろ〝あらかじめ決められて〟いる）は、彼にとってまったく何の役にも立たない。そんなことはむしろ彼の邪魔になる[49]」。

現代の企業は、おのれが不可避的に分泌するニヒリズムを、ある「倫理」をつくることによって緩和しようとする。しかしながらマネージメントの言説（「持続的発展」、「多様性」、「ハンディキャップ」、「平等」、「市民権」など）は、それを取り巻く「精神的・道徳的」環境と齟齬をきたす空疎なスローガンにすぎない。なぜなら、現代の企業の唯一重要な真の法則は利潤の法則、つまり倫理的無関心の法則だからである。

人間は「協力関係」において調教されるのだが、その協力関係はイデオロギーによるのではなく、動的編成、装置、実践、隷属——これは労働だけにかぎられない——によるのである。今日、消費者も「協力関係」のなかで同じ位置に置かれている。消費者は、生産物の製造様態（農薬を使っていないか、労働者や子どもや奴隷の搾取はないか、など）について、あるいはその生産物の製造や消費が地球環境に悪影響を及ぼしていないかについて、自問しないように仕向けられている。消費もまた、労働と同じように「臭いがない」のであり、お金を生み出すだけになっている。したがって、「協力関係」の問題はアンダースの時代よりも悪化している。というのは、労働者は〈生産物〉に無関心であり、消費者は〈生産〉に無関心だからである。問いに付さなくてはならないのは、単に生産物の最終形態だけではなくて、生産の条件と消費の条件であり、この条件に搾取の理由やエコロジー的破局《カタストロフ》の理由が含まれているのであ

(48) *Ibid.*, p. 322.〔同前、三〇三頁〕
(49) *Ibid.*, 325.〔同前、三〇六頁〕

る。エコロジー闘争が失敗しないためには、資本主義的な生産と消費のなかに刻印された無関心に目を向けなくてはならない。無関心は心理的特徴ではなく、資本の生産の客観的・主体的な条件なのである。

企業の真の「総司令部」としての金融資本は、抽象化と無関心の形成の過程を最後まで貫徹しようとする。なぜなら、金融は生産の使用価値などは気にかけず、お金の抽象化を操ることしか知らないからである。株式価値の「抽象化」は「主体化の様態」を分泌するが、その加速化は、かつて産業価値の抽象化がそうであったように、新たなファシズム的主体化に行き着く。

新たなファシズムの台頭はこの「犯罪的」な無関心の浸透の条件をなす。それは、地中海における幾千人もの移民の死がヨーロッパの住民になんら関心を呼び起こさなかったことに如実に現れている。民主主義がファシズムに転化する速度の驚くべき速さの根源には、労働分業や消費によってもたらされた無知無理解があり、これはひとりひとりにさまざまな仕方で影響を及ぼす。「見ようとしないこと」、「感じないこと」は、なんらたいした障害に出くわすことなしにヨーロッパ中に広がったのである。

非人称化か階級戦争か？

労働の組織化における「機械」の力は、権力諸関係を非人称化する自動装置のなかにある。その力は権力諸関係をデジタルテクノロジーとそれを機能させるアルゴリズムのなかに組み込まれている。しかしこの非人称化はまったく相対的なものである。なぜなら、それは絶えず階級闘争とせめぎあうことになるからである。階級闘争の目的は、装置の自動的展開のなかで戦略を出現させ、技術のなかで他者（労働者）に対する「人」（経営者）の支配意志を暴露することだからである。

大産業における権力諸関係の実態は、一九八〇年代以降「穏やか」とは言えないものであった。それは必ずしも統治が機能する状態ではなかった。一九六〇年代から七〇年代の初めにかけては、「工場ゲリラ」が権力諸関係を揺り動かし、それゆえマネージメントや技術は支配と抑圧というかたちで出現していた。労働者の「戦争機械」の出現と強化は、生産ラインの自動装置の背後に隠れている指令の主体性を暴露する能力、技術の非人称性のなかに宿る支配意志を名指しする能力を持っていた。工場内の紛争は敵対者間の戦略的対立に変化し、一方（資本主義者）の勝利と他方（労働者）の敗北によってしか解消されることはなかった。

工場における「人間的な」マネージメントと社会における「平穏な」統治の君臨という物語

（フーコー、シャペロ＝ボルタンスキー、ダルド＝ラヴァル）はうそっぱちである。「資本主義の新精神」は資本主義の組織化に対する批判を摂取し、一九六〇年代の闘争が要求した自律、独立、自己肯定、自由といったものを組み入れたという考えは、これらの著者たちの政治的願望を表わしているにすぎない。そこにはものの見方の巨大な誤りがある。というのは、彼らは新自由主義に対して「栄光の三十年」における「改良主義的」弁証法の論理を適用しているからである（したがって、これらの著者たちは一様に過去を懐かしんでいるということだ）。しかし新自由主義の企図はまったく別ものであった。すなわち、その企図はいっさいの改良主義のラディカルな否定であり、「関係なき社会関係」の強制、資本とその特性の政治からの分離のなりふりかまわぬ追求、といったものである。

権力現象を判断するための唯一の起点としての世界経済を重視するなら、この「人間的な」マネージメントの様態はたった一握りの企業――つまりシリコンバレーの「創造的労働」――にしか関係がないことは明らかである。このことは新しいことでもなんでもない。なぜなら、われわれがすでに見てきたように、科学とテクノロジーの生産は冷戦の初期から、アメリカ軍の指揮の下に領域横断的で親密な協力関係のなかで行なわれていたからである。資本主義の新精神は大企業のなかでは決して具体化されなかった。大企業では、中国でも韓国でも日本でも、逆に自殺、屈辱、強制、抑鬱症、〈過労死〉（オーバーワークによる死亡）といった現象が増加した。企業や社会における統治の「実際の結果」は痛ましいものであり、本当はいかなる統治が行なわれていたかをわれわれに知らせてくれる。すなわち資本の勝利と資本の政治からの分離である。資本による統治は資本主義の批判者たちには見えにくい道に踏み込んでいるのであり、それがブラジルでは先祖がえりのかたちで激化しているのである。

労働の組織化と社会の変化は、断絶、不連続、戦略といったものに帰着する。こうしたものだけが「歴史的出来事の解読を可能にする」。二十世紀末における歴史的出来事を読み解く鍵となるのは、「下層階級に対する戦いの勝利」である。変化を労働の創造性、自律性、独立性（あるいはそれらの資本による回収）から説明しようとする分析に反対するとき、ベンヤミンが社会民主主義に警戒を呼びかけたやり方は、きわめて今日的な意味を持っている。マルクスとベンヤミンとともに、「最悪を予感」しながら、われわれはこう反論しなくてはならない。「人間は労働力しか持っていない。人間はそれを［…］所有した他の人間の奴隷になるしかない」。

知能労働の変化についての理論家と見なされているハンス＝ユルゲン・クラールは、ベンヤミンの直観について探究しながら、労働者階級を単に「資本を生み出すもの」と見なすのではなく、同時に「資本を破壊する」力と見なさなくてはならないと提起している。この二番目の機能は現代のマルクス主義理論家（とくに認知資本主義の理論家）から無視されている。彼らは革命的行動を労働の「生産性」、「創造性」、「自律性」を基にして測定する。「破壊的力」という考えは、マルクス主義の戦略に影響を及ぼす「経済主体論」をお払い箱にする。「経済主体論」は一九六〇年代末における「非－資本としての労働」という考えやマリオ・トロンティの「資本の政治的拒否」という考えをラディカル化したものである。革命的行動は経営者と労働者を同時に生み出す資本主義的権力関係の破壊である。しかしポスト労働者主義はその逆に賭ける。つまり、それは革命の季節の戦略的観点を放棄し、「生産力」を賞揚し、労働力の否定的作用をいっさい排除するのだ。ポスト労働者主義によると、労働者階級の歴史的敗北は実際には労働力の勝利を生み出した。なぜなら、資本主義企業は「もはや大工業時代のように生産諸力を集中化することもできなければ、労働力を統合することもできない」(50)からだと言う。

この階級間の力関係の描写は直観に反する。現実はこれとは真逆に機能しているように思われる。われわれがすでに示したように、とくに企業や労働市場の現実は真逆である。しかしこれらの理論家は、現代の生政治的生産においては、労働力は工業生産時代とはちがって「自律的であり、ネットワークを組織する力や［…］生産を自主管理する力を増している」と言う。そして、資本は単なる指令装置になって、「生産力を弱め」たり認知労働者の生産力を抑止するだけだと言う。

労働力が政治からの離脱、自律、独立をすでに実現しているとすると、労働力はその「破壊力」を行使する必要もなければ、おのれを政治階級として主体化するにもおよばない。労働力は「即自的」に自立しているというわけだ。そして「労働力を統合することができない」資本[51]は、あらゆる紛争、あらゆる政治的断絶以前にラディカルに相対する二つの対立する主体性、二つの主体的相貌に分割される。だとすると、われわれはそれと知らずに二重権力状態に置かれていることになる。工業生産においては「一が二つに分かれる」ためには革命的断絶が必要であったが、生政治的生産においてはあらゆる「破壊的」行為に先だって「一が二つに分かれる」というわけだ。

初期の労働者主義の戦略的視点の放棄、労働力のポジティブな力への執着は、資本主義の支配関係をもとにした対立の中断とは別の基盤を必要とする。階級戦争の下には、そしてそれ

(50) Cf. Michael Hardt et Antonio Negri, *Commonwealth*, trad. fr. E. Boer, Paris, Stock, 2012〔前掲、ネグリ／ハート『コモンウェルス――〈帝国〉を超える革命論』下巻〕、とくに第五章の「一は二つに分かれる」というパラグラフを参照。

(51) ポスト労働者主義者は、彼らが統合不能と見なすものが資本による分離政策によるものであることを理解しようとしない。それは、すでにわれわれが指摘したように、企業レベルでも、より一般的なレベルでも現実に起きている分離なのである。労働力は資本のなかに統合されないが、しかしそれは労働力の力のためではない。逆にその巨大な弱点のためである！　非‐統合は「自律」や「独立」を意味するのではなく、奴隷労働を意味するのである。

それが特異的な闘争の下には、ある歴史哲学が存在する。それが表玄関から出て行き、労働力の「進歩」という裏窓から戻ってきたのだ。認知労働者はプランテーションや大工業の労働者とはちがって「認知的自律」を有していて、資本家はそれを受け入れ交渉せざるをえないという主張が、歴史主義としてまかり通っているのである。しかし、労働力の歴史にはそのような目的や意味はないのであり、認知労働者に単線的に直結するようなものはない。奴隷や大工業の労働者がその「破壊力」によって従属関係を攻撃する力を示したのに対して、「認知労働者」にそのような動員力はない。なぜなら認知労働者はいっさいの否定力を喪失しているからであり、彼らはまず「生産力」であり、「協力関係」であり、「発明力」だからである。[52] そもそも「交渉」(あるいは「交渉しないこと」と言った方がいいだろう。なぜなら、新自由主義は反-改良主義であって、交渉すべきものは何もないから)は、認知的自律をもとに行なわれるわけがない。そうではなくて、二〇一一年以降のすべての政治運動、最近ではフランスの「黄色いベスト運動」に見られるように、破壊力の行使としての蜂起、政治的断絶から出発するのである。

破壊は「主人」だけをターゲットにしているのではない。それは「奴隷」とその活動をもターゲットにしているのであり、権力の傍らで機能する「生産力」、「労働」、「消費」といったものを取り除かねばならない。破壊の力は、われわれが労働力と資本とをはっきり分離する「二重の主体性の生産」を現実に有していないがゆえに、呼び出されなくてはならない。革命的断絶なくしては、労働者（もちろん労働者だけでなくすべての人々）は権力諸関係のなかに捕えられ、対立するのではなく、共謀、協力を通じて、資本主義的生産のもたらす荒廃に参加せざるをえない。破壊の力は資本の支配を弱めるだけではなく、主体性の転換、協力行動の様態変化といったものの条件をつくりだす。抵抗するだけでは敵の術中にはまるのだ。

したがって、破壊的労働はマルクス主義が千万言を費やしてきた生産的労働よりもはるかに可能性を秘めている。クラールは破壊の力を労働者に限定せず、この「倫理的」活動に貢献するすべての人々にまで拡張している。資本との断絶と革命について改めて考えるためには、この「破壊」の持つ性格から出発するしかない。

（52）この「生産主義的」観点はRoberto Ciccarelliによって極論に導かれている（*Forza lavoro. Il lato oscuro della rivoluzione digitale*, Rome, Derive Approdi, 2018）。この観点は労働力を「存在の生産性」の表現であると見なすのだ。Giso Amendolaはこれについて次のようなコメントをしている。「スピノザの言う実体が、実体を尽きることなく表現する最終様態の内在原因であるのと同じように、労働力はつねにその生産努力、つまりコナトゥスのなかに現前するが、コナトゥスはおのれの生産品によって〝限定〟されたり汲み尽くされたりしない」（« Il motore invisible. Virtualità e potenza della "forza lavoro" ». *Opera viva*, 26 fevrier 2018）。しかし、とにもかくにも紛争は起き、それは「存在の生産性の遮断」によって起きるのである。

第三章　革命家への生成と革命

問題は革命なのだ！[1]　「革命」という言葉は、十九世紀を通じて、さらに一九六〇年代まで、労働運動が先導的役割を保持し、資本に対して一歩先んじることを可能にしてきたが、今では、政治綱領からも理論的考察からも姿を消している。

二十世紀は、戦争、内戦、革命の世紀であった。ロシアの一九〇五年革命からイラン革命（一九七九年）までのあいだに、メキシコ（一九一〇年）、大戦後のヨーロッパ（ドイツ、イタリア、ハンガリー等）、中国（一九四九年）、アジア（一九五四年等）、アフリカ（一九六四年等）、南米（キューバ等）、一九六八年（メキシコ、フランス、チェコスロヴァキア等）の革命があり、この間、地球は人類史上稀にみる蜂起と革命の連続を経験した。

十九世紀においては、すべての革命的企ては西洋で起き、すべてが失敗に終わった。しかも悪いことに、それらの革命的企ては、パリ・コミューンのように虐殺で幕を閉じた。そして、これがプロレタリアや労働運動のイメージに打撃を与えた。一方、ブルジョワジーにとっては、「十九世紀の首都」〔ベンヤミンのパリに対する命名〕は、革命の舞台ではまったくなかった。

（1）私がエリック・アリエズと書いた本〔『戦争と資本』〕は、われわれの企画の第一部であり、第二部は革命の概念と現実について書く予定である。この現在構想中の本のなかのいくつかの仮説をここに紹介しておきたい。

レーニンの行なったこうした伝統の切断は、党の建設（マックス・ウェーバーの言う工場の階層序列《ヒエラルキー》モデルに基づいた）、ある種の闘争的主体性（「職業革命家」）の構築、そしてある方法（前衛によって外部から注入される階級意識）の実践によるものであった。その究極目標は権力の奪取である。この革命への欲望と企図が二つの主要な障害——権力と戦争——に直面したとき、レーニンはきわめて効果的な答えを出す。すなわち、自律的主体を起点として帝国主義戦争を階級戦争に変えて権力を奪取するということである。そうすることによって労働者階級は歴史の流れ（あるいは歴史主義）に逆らうことができると考えたのである。

しかし、二つの決定的変化が、「何をなすべきか?」に対するレーニン主義的あるいは毛沢東主義的な答えを実行不可能なものにした。第一に、ニューディールや冷戦のなかでも持続した総力戦と内戦の新たな様態が新たな資本主義を生み出したのだが、マルクス主義はこれを十九世紀的な見方から解釈し続けているということ。第二に、第二次大戦後における新たな政治的主体——植民地化された人々、女性、学生など——の登場。彼らは搾取、支配、政治行動の新たな様態を体現している。

一九六〇年代の「奇妙な革命」は決定的な曲り角だった。つまり、この「革命」はおのれが提起した問題（社会主義は資本主義の一様態にすぎない）に解決策を見つけることができなかったため、歴史的失敗に終わった。われわれはまだこの敗北から抜け出していない。なぜなら、政治的自律や独立を保証していた旧来の組織や闘争の様態はもはや実行不可能だからである。したがって、答えを与えることができたはずの問題は、いまなお現前している。しかしその答えは、局地的で短期間しか続かない実験としてしか実践されておらず、資本主義を脅かすようなものではまったくないのが現状である。

私は恣意的なやり方ではあるが、こうした革命が「消滅」に至った条件を、四人の著作家——フランツ・ファノン、マリオ・トロンティ、カルラ・ロンツィ、ハンス゠ユルゲン・クラール——を突き合わせることによって明らかにしたい。これも恣意的ではあるが、私はこの四人を、順次、植民地化された人々、「労働者」、女性、学生運動を代弁する表現者と見なすことにする。こうした「活動家たち」は職業哲学者たちとは異なった一貫性のある視点を有しているので、彼らを哲学者たちに対置してみるのも興味深いことである。

革命は十九世紀にはじめて世界的になった

革命はフランスでブルジョワ革命として生まれ、やがてヨーロッパ中でプロレタリア化する。

それはまず東に移動し、そのあと南に向かって世界的現象となる。このボリシェヴィズムの切り開いた革命のサイクルは激しい議論を巻き起こす。「一九一七年の出来事は政治の世界におけるこうしたサイクルの最後の出来事である」というグラムシの言明はもちろん誤りである。なぜなら、それは北側にとってのみ有効な考えにすぎないからである。この発言はその後の出来事によって二十世紀を通じて否定されることになる。数においても強度においても、革命は世界的規模で起きたのである。しかし世界革命の可能性は社会的階層分裂という事態に直面し、これはそのまま植民地との分裂をも意味した。

一九六〇年代に、社会民主主党の若き党員で学生運動の指導者であったユルゲン＝ハンス＝クラールが、問題を明確に提起している。すなわち、「先進諸国で革命が成功した例は存在しない」が、革命は「第三世界」で勃発し続けている。このことは「反資本主義的抗議の国際的一致」と「質的に新しい革命の布置――革命の現在性」を告げている。「資本主義の歴史においてはじめて、革命がグローバルかつ可視的に存在するようになったのである。ただし、それが第三世界の抑圧された貧しい諸国において具現しているということだ」。

植民地における革命は「資本主義諸国とはいかなるパラダイムにおいても一致していない」。なぜなら、西洋においては、「支配と抑圧はひとえに物質的貧窮と身体的抑圧に依拠して行使される」からである。植民地をめぐって分裂した両側で展開される革命闘争は、同じものではない。植民地で勝利する革命の方法を本国に移植することはできない。本国における資本、権力、そして活用される主体性の構造は植民地と同一ではない。

それぞれちがったやり方で革命に「寄与する」ことができる党や組織や運動（さらには国家）の世界的ネットワークから引き継いでいるものは、いまや何ひとつ存在しない。そうしたネットワークを破壊した資本主義グローバリゼーションは、世界革命への戦略的応答としてそれを行なったのである。そして他方で、国民国家の国境内部だけの政治は、いまやあらかじめ機能しにくくなっている。

世界内戦か世界革命か？

ハンナ・アレント、カール・シュミット、ラインハルト・コゼレックなどの言う「世界内戦」は、実際には革命の続きであった。世界革命は一九一七年のあとの失敗にもかかわらず、その目標に適合する国際戦略をみつけることができないまま進展し続けた。「世界内戦」は二つの観点から考察に値する。すなわち、一方で、国家からの観点、生政治からの観点、例外国家からの観点、ファシズムやナチズムからの観点（アガンベンやフーコーなど）、他方で、政治とその現実に影響を及ぼすあらゆる変化の起源としての「革命」からの観点である。革命は、最初に挙げた観点の無効性、つまり国家、生政治、例外国家、法システムなどが資本に対して従属関係にあることを明らかにした。政治システムにはいかなる自律機能も独立機能もないのである。国家や生政治はもはや資本の「命令」の執行センターでしかない（金融危機のときの諸国家の政府や統治を見れば、このことは明らかである）。資本の機械は〈一種独特〉の「主権者」であり（国家はその一部にすぎない）、おのれの利益と権力のために決定を下し、選択し、自らの方向を定め、行政組織、法システム、警察機構を機能させる。

政治は「経済」のなかにある（マルクス）のだが、ただし、レーニンとともに、資本主義的関係を単なる「社会関係」としてでなく戦略的対立の発生源として理解しなくてはならない。十九世紀のすべての革命はこのことを主体性のなかに取り込んだのである。

支配的諸関係総体の革命

南側諸国における革命の広がりに、資本主義諸関係の総体を攻撃する闘争の拡大が呼応する。それは資本／労働関係からはみ出るものだ。資本主義は革命の世界的拡大と闘争の社会的強度とが結びついた攻勢を受けたことがなかった。フーコーは一九五五〜一九七五年の時期を「従属を強いられた知の蜂起」と規定した。従属化された知の蜂起による「分散的で不連続な攻勢の効果」は「物や制度や言説に対する批判の増殖」を可能にする。精神医療制度、「道徳」、「旧来の性的序列秩序」、「法的・刑罰的装置」、病院、学校などが、問いに付されるようになる。

こうした闘争の拡大に対して、革命の理論や実践が応答するのではなく、共通の敵に対する戦略を打ち立てることができないまま対立したりもする、さまざまな断片的視点しか応答していないのが現状である。一九七〇年代という曲り角の時期に敗北した諸闘争は、死滅したのではなく、「今も」潜在的可能性をはらんでいる。つまり現働化してはいないが、存続し続けている（ベンヤミン）。これらの可能性は出来事に内在する永遠性の部分（ドゥルーズ）を構成するものとしてつねに潜在的に「現前」していて、新たな革命的急変（今のところその影も見えないが）と出会えば、目前の現実と共鳴関係に入ることができるのである。

二つの革命戦略

ハンス＝ユルゲン・クラールは、労働運動によって構想され実践された革命の力とその限界を見事に要約している。[2] 革命の二つの原理あるいは戦略、すなわち「社会化」（権力奪取のための暴力の使用規則、国家装置の破壊、専有者の接収、生産手段の所有の分配）と「コミュニケーション」（権力奪取のための闘争は、連帯の規則がすでに組織化の実践のなかに存在していることを前提にすること）は、密接不可分のものとして構想され実践されねばならないが、両立がむずかしい。「労働運動は、過去において、権力に対する闘争の戦術が要請する暴力の規則と、組織化の実践が要請する連帯の規則との関係を確立することができなかった」。

この見方は労働運動の内部から発せられたものだが、ロンツィはこれに対して労働運動の外部に身を置き、ファノンはその境界線上に身を置く。問題はたんに連帯（クラール）ではなく、またたんに権力（奪取）とコミュニズムの関係（ベンヤミン）でもない。

従属

女性運動と植民地化された人々の運動の出現によって、革命過程の内部矛盾は分解し、多様きわまりない「革命的」諸過程が生じて、一九六〇年代の曲り角で相容れないものとして実践されることになったが、その状況は今も続いているように思われる。

女性や植民地化された人々の支配と搾取の様態は特殊であり、旧来の労働運動では捉えきることができない。なぜなら、そこでは人種支配と性支配と経済支配が結びついているからである。これを乗り越えるには、レーニン主義とはまったく異なった政治行動の組織様態と究極目標の設定が必要とされる。

ロンツィは「女性は性モデルの内部において抑圧されている」と言う。「社会主義理論に何が欠如しているか?」と彼女は問いかける。「レーニンは自由を約束したが、自由への過程を受け入れなかった。フェミニストにとって自由への過程は性を起点としている。マルクス主義

---

(2) ランシエールは五十年後も、ここから一歩も前に進むことなしに同じ判断を行なっている。「近代の全歴史は、敵を倒すための軍の形成として構想された階級闘争と、自律的生活形態や制度を発案する民衆の分離的闘争として構想された階級闘争との緊張関係によって貫かれている」。

者は革命には成功したが、プロレタリア独裁は〝社会的役割〟を解体することはできなかった。生産手段の社会化は家族制度を弱めるのではなく強化した［…］。そうやって女性を社会主義構築の一要素として包摂しつつ排除した」。

「生産」と労働の搾取を攻撃するだけでは、女性や植民地化された人々の従属を解体することはできない。この「女性」という特異性を備えた「主体性」の生産には、単に権力奪取を目的にするのではない政治的介入と組織様態を必要とする。植民地状況においては、政治活動は二重性を帯びている。なぜなら「主体性を遠ざけること」はできないからである。黒人は「客観性の次元と主体性の次元」において二重の闘いを行なわなくてはならない。「黒人の精神は白人がつくったもの」だから、黒人はおのれをおのれの精神から解放しなくてはならない。そうであるがゆえにエメ・セゼールはこう言ったのである。「植民主義に対する植民地の人々の闘い、人種差別主義に対する有色人種の闘いは、フランス資本主義に対するフランスの労働者闘争とはまったく違った性質を持ち、はるかに複雑なのだ」。

労働

女性や植民地化された人々に対する支配の形態は労働者に対する支配と非常に異なっているだけではない。彼らの労働もまた異なっている（無報酬の労働）。「リヴォルタ・フェニーレ（女性の反乱）」〔一九七〇年にカルラ・ロンツィらによって創設されたイタリアフェミニズムの先駆的グループ〕のマニフェストにはこう書かれている。「賃金無き家事労働によって、資本主義、私有、国家が再生産されているのである」。このマニフェストは女性の解放を生産労働からアプローチすること（レーニン）を拒否する。まったく逆に、「非生産的時間」を価値化することが「女性の提案する生の拡張である」とする。「生産競争」は「国家資本主義や私有資本主義の社会」に共通する「権力の筋書き」であるというわけだ。

植民地においては、都市／農村、労働者／ルンペン、構造／上部構造といった対置は機能しない。ヨーロッパマルクス主義が「前近代」（したがって無知）と見なすこの世界のなかに、われわれは現在われわれにとってきわめて近しく思われる姿や問題を見いだす。すなわち、人間の搾取が「多様な相貌（失業者、季節労働者、ルンペン、底辺労働者など）」を持ち、「資本がそれを統合している」が、ただしかつてのように賃金生活者や工業によって統合しているのではなく、金融によって統合しているのだ。「後進国の進化の問題」をソ連のように生産主義や発展主義をもとにして立てること（「がんばって働こう」）は、「われわれには正しくもなければ適切とも思われない」（ファノン）。

現在の労働者や「労働」は、トロンティが描き出す労働者よりも植民地化された人々や女性の置かれた状況（不安定労働や奴隷的労働、低賃金および無給労働）に似通っているように見える。

組織の自律化

女性と植民地化された人々は、労働運動の組織や理論が考察しようとしない諸問題に対応するために自律的組織を求める。

「党」や革命的組織の内部における権力関係の中央集権化や垂直性に対する最もラディカルな批判は、フェミニズム運動のなかに見つけることができるだろう。革命が革命後行なう「社会的役割」の変革が政治的実践の直接的目標となる。女性は自律的な政治的主体となるためにラディカルな民主主義を発案する。女性は自律的意識を持ったグループのなかで、序列性を排した新しい水平的諸関係を実験し、女性に特有の集合的な知を生み出そうとする。「代表制」の概念や実践はそこには存在しない。なぜなら、問題は権力の掌握でもなければ権力の管理でもないからである。

女性性に割り当てられた役割を解体することは、労働によるそして権力のための闘争による解放の約束に屈しないことを意味する。そうした解放の約束は、家父長主義の（そして労働運動の）文化の価値化と見なされる。フェミニズム運動は権力への参加はいっさい求めず、逆に、権力の概念や権力奪取についての議論を求める。なぜなら権力を管理するために真に必要なことは、権力が「特殊な疎外形態である」ことを認識することだからである。

かくしてフェミニズム運動は、自律的主体の肯定的構成の実践と革命の問題とを切り離し、非常に異質の両立不可能な（ロンツィによると）二つの「政治化」の概念を生み出すことになる。

植民地化された人々における党とは何か

植民地化された人々は、客観的闘争（資本主義に対する）と主体的闘争（従属に対する）という二重の闘争を実践しながら、ボリシェヴィキがコード化した労働者革命の伝統の内部に別の問題提起を持ち込む。

党は「本国から移入された概念」であり、この「近代的闘争の道具」が、植民地の絶えず姿を変える現実に「そのまま被せられる」のである。「党という機械」は、『労働者と資本』といったような冊子のなかに描かれている現実とまったく共通性のない（植民地の）現実を前にして、「いっさい刷新されることはない」のである。なぜなら、（植民地には）労働者階級は存在しないか、存在したとしてもマイノリティでしかないからである。

植民地化された人々は労働者階級や労働者運動のヘゲモニーに従属することを拒否し、それとは別の自律的組織様態を求める。植民地の問題は共産党の利害を代表する大きな集合体の一部として扱うことはできない、とエメ・セゼールは言う。

「植民地化に対して闘う勢力は、自分たちのものではない組織のなかでは虚弱になるしかない。それは彼らが彼らのために彼らだけが決めることができる目的に合致した組織ではないからだ」。理論も意識も外から持ち込むことはできない。植民地化された人々は、自分たち自身の組織を組み立てるとともに、自分たち自身の戦略をつくりださねばならない。

そこには代表制に対する批判もある。民衆はリーダーを必要としない。民衆は「群れではない。導かれるには及ばない。リーダーが私を導いているとしても、同時に私がリーダーを導いていることをリーダーは知るべきである」(ファノン)。

ロンツィとちがって、ファノンは「権力奪取」を問いに付さない(「一九五四年以降、植民地の人々が問題にしたことは以下のようなことである。ディエン＝ビエン＝フーを実現するには何をなすべきか?［…］問題は勢力の整備、組織化、行動開始の日程である」)。逆に、革命の主体と様態が問いに付される。『地に呪われたる者』には、誰がどのように革命を行なうかという問題に対してさまざまな答えが記されていて興味深い。ファノンはまず、革命は世界的なものでしかありえず、「ヨーロッパの大衆の支援でなされるものである」と述べる。たとえヨーロッパの大衆が「植民地問題に関してわれわれの共通の主人と同じ立場をとっているとしても」である。さらに結論部でこう言う。「第三世界」は「ヨーロッパでも支持される素晴らしいテーゼだけでなく〝ヨーロッパの犯罪〟をも」考慮に入れながら、「人間の歴史をやり直す任務を負っている」。ここでは「第三世界」とヨーロッパが対立的に捉えられていて、ファノンが先に「われわれの共通の主人」と名付けたものへの考慮はないように思われる。敵はヨーロッパそのものとなり、資本主義は人種的分裂の下で消滅しているように思われる。この曖昧さをポストコロニアル思想も引きずり続けることになる。ポストコロニアル思想において、革命の問題が完全に忘れ去られているのはここに由来する。

弁証法の批判

弁証法と歴史主義からいかにして脱却すべきか？　ロンツィとファノンが答えようとしているのはこの問題である。彼らはヨーロッパの豊かな概念兵器庫を活用しながら、ヘーゲル弁証法（とそのマルクス主義的解釈）に激しい攻撃を行なう。弁証法は、女性や黒人が歴史や公共空間から排除され従属せしめられている役割や機能を解体することはできない。弁証法による解放の約束を認めることはできないのである。

弁証法は「多数派モデル」（人間、白人、大人など）の内部で起きている紛争にしか関係しない。要するに、弁証法は「白人の男」の理屈なのである。黒人や女性はある「段階」に押し止められ、そこから脱出して自己意識の自由を獲得することができないようになっているのだ。彼らは被支配者の状態に永久にくくりつけられ、世界化された資本の支配の隠された面を構成しているのであり、ヘーゲルはこの世界化された資本の支配を「ヨーロッパ精神」という概念のなかに溶かし込んでいるのである。

弁証法に従っていてはいかなる意味をもつくりだすことはできない、とファノンは言う。なぜなら、弁証法においては「意味が先に存在していてわれわれを待っている」からだ。このすでに決定された歴史的生成、最初から自らのなかに内在している歴史的生成に対して、ファノンは「予見不可能性」を対置する。

マルクス主義的弁証法から見ると、闘争は生産諸力の発展に依存する。この単線的考えにファノンは異議を唱える。革命的過程とは飛躍であり、歴史の非弁証法的切断であって、それまで歴史に包含されていなかった何かの発見であり考案なのだ。歴史から脱却する手段としての「予見不可能なもの」、これはロンツィのなかでさらに拡張され豊富化されているテーマである。ロンツィは、レーニン主義的戦争機械とそれを担う主体との断絶の条件を二重の仕方で明断に言明している。彼女はまず、主体は所与のものではなくて、逆に「不測のもの」であることを指摘し、次いで、フェミニズム運動の時間性は未来ではなく現在であることを宣明する。不測の主体は「不測の行動」を行ない、自らの解放の可能性をつくりだす断絶をもたらすことができる。

ロンツィは、「権力」の不連続を提起しつつ革命の「主体」に関しては連続性を唱えるマルクス主義革命を直接ターゲットにする。革命は（主体と同様に）すでに作動している（「現状を廃棄する現実の運動」として）のだから、あとは権力を奪取するだけでいい。そうすれば、革命は資本の様態よりも合理的かつ「生産的」な様態に従って展開するだろう、という考えを標的にするのである。そういう考え方では、革命の時間基準は未来（約束）にすぎない。しかしフェミニズムにとっては、「現在」こそが体制との断絶の時間基準であり、〈いま、ここ〉（「目的は存在しない、現在だけが存在する」）こそが、ステレオタイプ化した女性性と主体化を破壊する過程を切り開くのである。

一九六〇年代にはベンヤミンがすでに指摘した「現在」と革命の新たな関係が再発見される。しかし、ベンヤミンが鋭く意識していた資本の破壊力についての認識は見失われてしまった。マルクス主義の伝統のなかで、ベンヤミンがはじめて、「現在」を起点として革命を歴史的持続との断絶と考えたのだが、一九六〇年代になると、闘争によって実践される「現在」を概念化しようとするさまざまな出来事の理論が盛んになる。

歴史の不連続性の肯定、歴史の因果律や歴史による決定論に対する批判が、ロンツィの不測のものという考えやファノンの予見不可能性という考えのなかに宿っている。革命的主体は歴史に由来するが、歴史に依存しない。それは経済的、政治的、社会的な状況に左右されるとしても、状況に還元することはできない。それは、想像、企図、綱領などによってあらかじめ決められるものではない。また知や科学や理論によって正確に把握できるものでもない。革命的主体について知りうることは、それがどんな条件から出現するかということだけである。しかし、それがどのような様態で展開されるかを予測することは不可能である。革命はまさに「不測のもの」であり、準備し組織し優先することのできる何かであるが、その主体化の過程は条件に含まれていない。それは歴史の因果律の秩序のなかでは「不可能なこと」であり、経済的、社会的、政治的な決定論からは想像できないものなのである。

出来事は歴史に由来しつつ、歴史の持続性を断ち切り、歴史の拘束性から身をそらして、歴史との断絶以前には想像もできなかったような新たな可能性を生み出す。しかし出来事が「現実」に直面すると、それは再び歴史のなかに沈下する。出来事が生じる歴史と状況、そして出来事が沈下する歴史と状況は、一般論ではくくれない。一九六八年の運動が出現した歴史と状況、そしてその運動が沈下した歴史と状況は、「世界内戦」と「世界革命」によって特徴付けられている。

出来事の理論は、政治行動の創造的契機を強調し、破壊的契機をしばしばヘーゲル的「否定論」と同一視してないがしろにしてきた（ドゥルーズはこれを「善人」の理論だと警告してはいるが）。ベンヤミンがナチズムの脅威の下でなお持ち続けていたものが、ここで「革命家への生成」の理論のなかに分離的に吸収されることになる（これはガタリの美学パラダイムやフーコーの最終講義における「パレーシア」のなかにも見いだすことができる）が、この理論は革命の伝統における「生産と破壊」の結合を認識していないように思われる。

労働運動

われわれが世界革命の内部に見てきた曖昧さ、躊躇、差異といったものは、理論的かつ政治的な障害に直面しているが、労働運動の理論と実践が世界革命の敗北の（大きな）原因のひとつである。

マリオ・トロンティはマルクス主義の内的刷新を代表する論客であるが、彼はマルクス主義の枠組みから脱却してはおらず、その限界を超えてもいない（実際、トロンティは労働運動の観点を典型的に体現しているが、それは彼がつねに共産党の人間として多くの点で共産党の轍《わだち》と運命／没落を共有しているからである）。『労働者と資本』という著作のなかで、トロンティは弁証法から脱却するために、階級の「攻勢的力」と資本の「防衛的力」というマルクス的概念を機能させながら労働者階級の歴史を読み直している。彼はそこで、労働者階級の運動に資本に対する自律と優位を付与し、資本は防衛的・反応的立場に追い込まれるとしている。

彼の戦略的視点（戦後のマルクス主義の社会学主義と経済学主義に対する反論）は、すぐに（一九六六年に本が刊行された二年後）、六八年の出来事によって乗り越えられてしまう。ここには三つの根源的理由がある。一番目の理由が主要である。すなわちトロンティは、十九世紀末から始まった脱植民地化やフェミニズムの運動を完全に無視しているということである。この運動は第一次大戦時、ならびにソ連革命とともに加速度的に強化される。「植民地化された人々」や「女性」を度外視して労働力を定義することは、政治的誤りである以前に理論的誤りである。それは資本主義に対するヨーロッパ中心主義的で「一面的」な定義にすぎない。そのため、トロンティは「世界革命」とその「人種的・性的」な拡張の特徴を捉えそこなったのである。

トロンティは一九六〇年代の初めに書いたある論説でレーニンがイギリスにいたという設定を行なっているが、レーニンはイギリスに滞在したことはなかった〔これはマウリツィオの誤りで、レーニンは幾度かロンドンに滞在したことがある〕。レーニン（あるいは革命）は、生産諸力の発展が「遅れた」場所をあちこち移動した。それは状況が資本主義の産業的、科学的、テクノロジー的な中心とは大きくずれた場所であった。それは戦争機械の組織化が労働者ではなく農民によって主要に担われる場所であった。

トロンティの戦略はさらに二つの理由で明晰さに欠けている。彼は、労働者階級が政治的ヘゲモニーを失い始め、資本が政治的優位を取り戻し確固たるものにしつつあるときに、労働者のイニシアティブの優位性を主張した。政治的アジェンダ、政治的対立の場所、その形態とその中身は、このときから、つねに資本によって規定される。トロンティが理解しえないのは、次のことである。すなわち、階級の力はまずもって革命の可能性と現実の状況に結びついているということ（トロンティも共産党もこれは一九一七年に終焉したと考えている）。革命なくしては、労働者は資本の単なる構成要素にすぎない。労働者主義の「失敗」を乗り越えようとするトロンティの試みは、もうひとつ別の戦略的誤りに依拠している。すなわちトロンティは、政治的なものの自律を表明するが、政治的なものもまた、資本主義の戦争機械の一構成要素、一つの歯車となり、もはや独立性を保てなくなっているのである。

一九七〇年代に登場した政治的諸運動、そして資本主義のイニシアティブの再開を前にして、トロンティ自身、『労働者と資本』の失敗を認識することになる。彼の理論のなかで生き残っているのは、「労働者」のパルチザンの可能性という観点だけである。普遍的ではなく階級的な政治的利害に依拠した部分的観点に依拠することだけが、（資本の）「すべての真実を見抜く」ことができるのだ。しかし、まさに戦後を起点として、すべての被搾取者や被支配者が労働者階級と一体化するという状況ではなくなった。パルチザン的視点の担い手は労働者だけでなく多様であり、すべての人々（フェミニズム運動、脱植民地化運動、学生運動など）が、それぞれ異なり相矛盾もする異質の「真実」を主張している。かくして、言うまでもなくトロンティにとっても党にとっても、革命はもはや黄昏時のヨーロッパの思い出にすぎなくなったのである。(3)

ポストコロニアル理論における革命の排除

ポスト六八年の諸運動のなかで、世界革命をめぐる問題設定、矛盾、紛争、理論的・政治的

(3) この無理解の筆頭はアルチュセールである。「党の力を知るには、党が五月の出来事をどのように〝消化〟したかを見れば十分であろう。党はこの出来事を党の従来の路線に組み込んだのである。とくに学生運動をどう扱ったか。党は大規模な大衆運動すら〝弱体化し〟それを指導する力があるのである。CGT（労働総同盟）を前進させ、その陰に隠れ続ける現在の政治路線、この巧妙で有効な作業分担は、予防的行動装置によって党の最大限の安全を保障する幅広い操作能力を党が持っていることを証明している」（Louis Althusser, *Ecrits sur l'histoire*, Paris, Puf, 2018, p. 88）。

分岐（ラディカルなものも含む）は、すべて急速に「脱政治化」の方向に向かう。

ポストコロニアル理論は、植民地主義・新植民地主義権力の行使に対する批判を深化させながらも、革命的切断の概念と現実には触れない。ここでは、ポストコロニアル理論の重要な著作家としてアキレムベンベを取り上げよう（アキレムベンベは自分はポストコロニアル作家ではないと言っているが）。アキレムベンベは、フーコーがほとんど手がけなかった死の政治《タナトポリティック》の概念を繰り広げ拡張する。彼はこの概念の系譜を黒人奴隷貿易から説き起こすが、革命の地平についてはこれを排除する。「〝主人〟に対する新たな勝利の希望はもはや存在しない。われわれは主人の死をもはや待望しない。主人が死ぬとは信じていない。主人は不死なので、われわれにはわれわれ自身が主人の分身であるという幻想しか残されていないのだ[4]」。もちろん、この主張はさまざまな仕方で解釈することができる。しかし彼が提起する方向転換、そして彼の言う「世界の黒人への生成」という考えがいかに興味を引くものであっても、彼が革命的切断を完全に脇に追いやっていることにかわりはない。

ポストコロニアルスタディーズの理論家たちについて言うと、彼らは現代のラディカルな思想を標榜し、民族解放闘争と反帝国主義革命の継承者を自称する（彼らの出発点は革命の失敗の理由を問いに付すことであるが、敗北が革命の可能性に永久に終止符を打ったかのように、新たな革命の条件を考慮に入れようとしない）。彼らの立場はさまざまであり複雑でもあるが、そこには立ち入らないことにする。しかし彼らに共通するひとつのことがあり、それには唖然とせざるをえない。つまり、彼らの視点は、彼らが自称し標榜する二十世紀の植民地化された人々となんら関係がないということである。ヨーロッパやヨーロッパ中心主義、ヨーロッパ思想のつくったカテゴリーといったものに対する彼らの批判は、植民地化された人々や奴隷たちが資本主義の「中心」といかなる関係にあったかということを度外視している。

植民地化された人々はポストコロニアルの理論家たちが看取できないものをたやすく把握してきた。ヨーロッパはたしかに植民地征服の源であり、植民地の人々に対して行使された絶対的暴力の起源であるが、しかしそれは同時に革命の始まった場所でもある。フランス革命は、奴隷性を維持し、女性を従属させ、持たざる者を服従させる「ブルジョワ的」意思を内に孕んでいるが、サン゠ドマングの奴隷たち、女性の権利宣言を携えたオランプ・ド・グージュ、サンキュロットらは、この機に反逆し、正真正銘の革命（ハイチ革命）を達成してもいる。そうして来たるべき闘争の基盤をつくったのである。革命の中心がプロレタリアになり、ヨーロッパが反資本主義理論（とくにマルクス主義）や「革命的」組織を生み出し始めると、植民地化あるいは半植民地化された人々は、ヨーロッパでつくられた権力や主体性という考えが彼らの

（4） Achille Mbembe, *Politiques de l'iminité*, Paris, La Découverte, 2016. p. 169.

現実に見合ったものであるか否かという問いかけをしなくなる。彼らはそれをそのまま使うのである。要するに、非西洋の革命家が、ヨーロッパでつくられ、次いでロシアの状況に当てはめられた理論、つまり最初のプロレタリア革命として西洋ではなく東洋さらには南側における革命に門戸を開いた理論で、革命を導くことになるのである。

植民地化された人々は、彼らにとってもっともよく当てはまるもの、資本主義への批判、世界支配の様式——これはもちろん西洋と東洋では異なるが——への批判を選択的に摂取する。まず東へ、次いで南へと移動した革命は変貌して、マルクス主義的歴史主義を批判し、その段階説と絶縁し、農民階級を含んだ革命主体の再構成を行ない、党の理論を見直し（ファノン）、階級の理論を見直し（カブラル）、下部構造と上部構造の関係を見直し、「マルクス主義を柔軟に解釈し」、「文化」に新たな機能を持たせることになるが、つねに資本主義の乗り越えを目指していたことにかわりはない。

世界革命の失敗は、こうした変貌、こうした批判を統合し現働化させることができる主体的戦略を確立することができなかったことに由来する。そのため革命は「一国社会主義」やそれぞれ異なったナショナリズムのなかに自閉し、他方、西洋の労働者階級やその諸制度は、形成途上の新たな政治的主体に目が向かず、資本の論理を組み入れることになったのである。

「ヨーロッパをいかにして地域化するか」という問題が、ポストコロニアル理論などにとっての戦略的問いであったが、この問題は久しく放置されている。なぜなら、ヨーロッパが第一次世界大戦以降自らこの問題を引き受けたからである。それは二重の仕方で行なわれた。すなわち、ヨーロッパは資本主義の中心であることも革命の中心であることもできなくなったのである。ポストコロニアル理論の視点は、支配に閉じ込められた被支配者の視点であり、それに対して、二十世紀の植民地化された人々は、自らの奴隷状態から出発して革命を目指す。この両者の位置取りはきわめて異なっている。すなわち、ポストコロニアルの立場はラディカルではあっても「犠牲者」の立場に行き着く。それに対して、後者の立場は、革命の主体に行き着く。

革命と再結合すること

主体の構成と革命との分離は、ロンツィのテクストのなかで最も一貫性のあるものだが、それはジル・ドゥルーズによって概念化され一般化されていると考えることができる。一九六〇年代の政治的－軍事的敗北のあと革命が被った攻撃を食い止めるために、ドゥルーズは、「革命」（これはつねに悪い終わり方をする！）と、革命の失敗を越えて続行される革命的過程への参加者の「革命家への生成」とを区別する。六八年以後の多くの運動は、この「革命家への生成」（従属状態の批判、主体性の多様な生産、「生活様式」の自律化と独立、「自己」の肯定と「自己」への配慮）と「革命」（所有制度の根本的変革、政治権力への闘争、暴力の使用規則、専有者の接収、資本主義の乗り越え）との分離に依拠して戦略を構想したように思われる。この分離は解放と革命との区別にも対応する。その場合、解放は、あらゆる種類のマイノリティ（性的、人種的、民族的など）が、資本主義によってもたらされる劣等感・排除・被支配状態から脱却することを意味する。それに対して、革命は資本主義そのものからの脱却を求める。奴隷制の廃止は解放のみに焦点を当てた政治の限界をすでに証明している。この解放はひとつの人種差別から別の人種差別への移行を食い止めることができなかった。政治行動の「創造的」次元と「破壊的」次元が根元的に切り離されてしまったからである。

しかし、革命と革命家への生成とを結ぶ緊密な関係を断ち切ることは可能だろうか？　主体性の生産と分化の過程は、資本主義と国家の衰滅を同時に目指すことなくして起きうるだろうか？　新自由主義による四十年にわたる支配は、革命と革命家への生成とのあいだの相互関係が豊かにならなければ、二つともがどうしようもなく弱体化することを示しているではないか。「革命家への生成」の自律化戦略はその後、ほとんどのフェミニズム運動や同性愛者運動だけでなく、西洋における一九六〇年代の闘争を引き継いだ批判的思想によっても追求された。革命なき革命的主体の構築はネグリのなかにも見いだすことができる。ネグリにとって認知労働者は、生政治としての生産が発展するにつれて「しだいに自律化し独立的になる」。認知労働者は、すべての革命的組織や実践に先立って、生産の機能と緊密に結びついた力を獲得すると言うのだ。なぜなら認知労働者《コグニタリアート》の労働は世界や世界との関係を構成する（存在論的）労働だからである、というわけだ。この集合的労働者が生政治的生産のなかで生政治的生産に抗して蓄積する自律と独立の力が、資本主義からの「脱出」を発動させ、その脱出過程を構成するのであり、それはすでに作動している、と言うのである。革命はすでにそこに存在しているもの（協働の共有）を肯定すればいいだけのことである、と。ジャック・ランシエールは、この革命と革命家への生成の分離をさらに強調して、諸力の対立（マルクス主義的な伝統的階級闘争）と諸世界の対立（政治的主体の自律化の主体的な自己肯定）という二つのタイプの闘争が存在すると主張している。つまり革命と解放がセットになっているということだ。しかし、社会的自己同一化を断ち切り、合意的秩序の媒体を吹き飛ばし、新しい生活様式を創造する自律的時間を求める政治行動は、諸力の対立ではなく、諸世界の対立である。六八年の闘争の新しさは諸世界の対立と諸力の対立という二つの次元を分離したことである。

しかしこの分離は悪い方向に向かう。なぜなら、政治的諸運動の平等世界と資本主義の不平等世界は折り合いが悪いからである。そのため、力の行使と密接不可分の不平等の世界は平等の世界をシステマティックに解体し、この両世界の「分離」の空間をほとんど無きに等しいものに帰着させる。そしてこの不平等世界は、新たなファシズムの台頭にともなって、その力の行使の段階をさらに引き上げようとしている。

われわれはこれ以上考察をすすめることをやめる。なぜなら、クラールが言ったように、「革命的理論」は「革命の理論」と同じものではないからである。革命的理論（六八年の思想の総体のようなもの）は社会の変化様式を体現し、支配的諸関係を明らかにするものだが、革命の理論は戦略的原理を提起するものである。これを打ち立てることは革命組織や来たるべき未来の革命家の任務である。

訳者あとがき

この本は以下の著作の全訳である。Maurizio Lazzarato, *Le capital déteste tout le monde: Fascisme ou Révolution*, Éditions Amsterdam, 2019.

著者マウリツィオ・ラッツァラートの邦訳書としては五冊目である。以下に順次掲載しておく。

（1）『出来事のポリティクス——知－政治と新たな協働』（村澤真保呂・中倉智徳訳、洛北出版、二〇〇八年）。
（2）『〈借金人間〉製造工場——〝負債〟の政治経済学』（杉村昌昭訳、作品社、二〇一二年）。
（3）『記号と機械——反資本主義新論』（杉村昌昭・松田正貴訳、共和国、二〇一五年）。
（4）『戦争と資本——統合された世界資本主義とグローバルな内戦』（エリック・アリエ

ズとの共著、杉村昌昭・信友建志訳、作品社、二〇一九年)。

こう並べてみると、けっこうコンスタントに邦訳されているので、マウリツィオ・ラッツァラートも日本の読者にある程度なじみのある著者になった感がある。したがってマウリツィオの経歴については、屋上屋を架すことを避けるためこれらの邦訳書に譲り、ここではとくに言及しない。初めての読者は、彼は一九五五年イタリア生まれ、七〇年代末(つまり二〇代半ば)に、当時のイタリアの反動的政権の政治弾圧を逃れてフランスに亡命し、以後パリに住み着いている社会学者・思想家であることを念頭に置いていただければいいと思う。ちなみに、私は一九九〇年代半ばにパリで彼と出会い、お互いフェリックス・ガタリの思想的シンパサイザーとして親しくつきあってきた。

さて、本書の成立過程は少々特殊である。『戦争と資本』を刊行したあと、マウリツィオとエリック・アリエズは『資本と戦争』という続編の刊行を予告していたが、諸般の事情で二人の執筆活動がすすまず、「業を煮やした」マウリツィオが単独で執筆して私に送ってきたのが本書である(このことについては『戦争と資本』の「訳者あとがき」の末尾でも言及したのでご参照いただきたい)。

マウリツィオによると、『戦争と資本』の分量が多くなりすぎて、本来予定していた「革命論」を盛り込めなくなったので、それを続編の『資本と戦争』で論じる予定になっていた。けれども、これが座礁しかけたため自分ひとりで独自の「革命論」を書いたということである。

前置きが長くなった。以上述べたような事情から推察できるとおり、本書は現代における「資本と戦争」(「戦争」ではなく「資本」に力点を置いていることに注意)の関係を「革命論」の視点から分析したものである。

思い返せば、デビュー作と言える『出来事のポリティクス』以来、マウリツィオの「社会学者的思想家」としての主要な関心は、「資本主義の諸革命」(そもそもこれが『出来事のポリティクス』のフランス語版のタイトルであり、邦訳はフランス語版にもとづいて訳出されている)と、それに対する「反資本」の側からの革命的応答の可能性であった。その点で、マウリツィオの姿勢は一貫している。そして本書は、この「資本の革命」対「反資本の革命」という対立構図を「戦争」という概念を機軸に考察したマウリツィオの思想の現時点でのコンパクトな集大成とみなすことができる。

「戦争」という言葉でマウリツィオが想定するのは「国家間の戦争」という通常の戦争概念ではない。そうではなくて、社会のあらゆる次元における「内戦」である。これはエリック・アリエズとの共著の基本コンセプトであるが、とくに本書でマウリツィオはフェリックス・ガタリの「戦争機械」という概念を駆使して資本対革命の対抗関係の分析をしている。「資本の戦争機械」対「革命の戦争機械」という構図であり、これが本書の一貫したガイドラインである。

ところで、現在の世界を支配している資本主義は周知のごとく新自由主義資本主義である。マウリツィオは本書で資本の歴史的機能の分析を行ないながら焦点を新自由主義に絞り込む。そして新自由主義は根源的に暴力性を伴った資本主義であることを明らかにする。六八年の「革命思想」は「世界革命」を展望しながらも、資本の戦争機械を過小評価したため、七〇年代にしっぺ返しをくらって「革命の戦争機械」を構築することができなかった。六八年の反乱が思い描いた「世界革命」は、逆に新自由主義グローバリゼーションという「資本の世界革命」に転化し今日に至っているというわけである。こうした理論を展開する過程でマウリツィオは、六八年出自の体制批判的現代思想をも俎上にのせ、その代表的存在であり自分の思想の源泉でもあるフーコー、ネグリ、ガタリまでも批判の対象にしている。それは彼らが「六八年の思想」を総括する過程で技術革新の進展に伴う資本の支配機能の「非人称化」／「抽象化」を重視するあまり、人々の身体に働きかける資本の根源的暴力性を過小評価したからだと言う（ちなみに初期フーコーを支持し後期フーコーを批判する論拠も本書の読みどころの一つだ）。したがって、「革命の戦争機械」はこのことを確認して、「新たな戦争機械」の構築に向かわねばならないと言う。

マウリツィオの見方をこうやっていささか乱暴に要約していくと、濃密でスリリングな記述が随所に見られる本書を読む意義が薄れる（せっかくの読書の喜びを奪う）恐れがあるので、ここまでにしておく。

マウリツィオの「資本の戦争機械」についての論述は、とくに新自由主義の要諦をなす金融機械やテクノロジー機械の分析において冴えをみせる。私としては、本書の解題に代えて、以下に現在の「新型コロナ騒動」のなかで起きている新自由主義の「戦争機械」の新たな展開について、本書から得た着想に基づいて若干注釈を行なうことにする。

その前提として、本書におけるマウリツィオの新自由主義の捉え方のもうひとつの特徴について述べておきたい。それは新自由主義をファシズムとの関係で分析していることである。マウリツィオは一方でファシズムが「反体制」的であることを念頭に置きながら（そうであるがゆえに、本書のサブタイトルは「ファシズムか革命か」となっている）、他方でファシズムと新自由主義との親和性を強調する。端的に言ってしまえば、新自由主義とファシズムは現代世界を動かしている車の両輪のようなものだということである。

ファシズム論と言えば、主にナチス台頭期のドイツ社会を構造分析したヴィルヘルム・ライヒの古典的名著『ファシズムの大衆心理』（平田武靖訳、せりか書房）がすぐに想起されるが、これは現代ファシズムの分析に適用するには歴史的制約が強すぎる。現代のファシズム論と言えば、もうひとつマウリツィオの同国人ウンベルト・エーコの文化的ファシズム論（『永遠のファシズム』和田忠彦訳、岩波現代文庫）が思い浮かぶ。こちらの方が現在台頭してきているファシズムの分析に活用できるだろう。エーコはこのファシズム論のなかで「原ファシズム」というものを想定して、その特徴を十四項目にわたって列挙しているが、そのうち（4）と（5）が現代ファシズム（とくにこのたびのコロナ時代のファシズム）を考察・分析するにあたって参考になる。

エーコいわく。

（4）いかなる形態であれ、混合主義〔エーコは原ファシズムを文化的・イデオロギー的混合主義であると定義しているが、これはファシズムの語源とも合致する――杉村注〕というものは、批判を受け入れることができません。批判精神は区別を生じさせるものです。そして区別するということは近代性のしるしなのです。近代の文化において、科学的共同体は、知識の発展の手段として、対立する意見に耳を貸すものです。原ファシズムにとって、意見の対立は裏切り行為です。

さて、これに現在のメディア状況（とくにテレビを中心としたマスメディア）を重ね合わせてみよう。新型コロナについての報道は世界的次元で驚くほど一色に塗り込められている（すべてを〝束ねて〟（ファッショ）束ねられないものは排除している。〝混合〟して同質化し異質なものを排除している）。発生からやがて二年になろうというのに、マスメディアは新型コロナの恐怖を煽るばかりの表層的な報道に終始し、このパンデミックの本質について十分な情報提供がなされているとは言えない。たとえばフランスのジャーナリスト、マリー＝モニク・ロバンは、世界中の多くの研究者へのインタビューを通して、新自由主義グローバリゼーションが引き起こした地球環境破壊の深刻化と新型ウイルス出現との密接な関連性を指摘している（このことについては二〇二二年春に作品社から拙訳で刊行予定のロバンの新著『パンデミックの起源——生物多様性が地球環境を守る（仮題）』をご参照いただきたい）。他方、感染者や死亡者の数字について、あるいは感染対策や医療体制についても最低限の報道はなされているが、異論や批判、多様な議論が展開されているとは言いがたい状況である。異なる意見をたたかわせることが科学の探求にとって不可欠の道程であろう。これを無視するなら「科学的共同体」は崩壊し、「政治的共同体」にすぎなくなるだろう。そうであるがゆえに、今回の「コロナ騒動」は「科学（医学）的」現象であると同時に、多分に「政治的」現象であると見ることができるのである。

こういったことは元をたどれば、先進諸国の医学界全体（「科学共同体」）が国際製薬企業や医療業界の活動（とくに医療テクノロジーの開発）を介してこの数十年間で新自由主義政策の懐に抱き込まれたから起きている現象である（このことについても詳論する必要があるが、本書の「あとがき」としての守備範囲から逸脱する恐れがあるので他日を期したい。今回の「コロナ騒動」との関連でひとつだけ指摘しておくと、新自由主義が残された最後の聖域として狙っていた「公衆衛生」領域の「市場化」＝「民営化」がいっそう進むことが予想される。マウリツィオも他所で「身体、健康、生死」を「営利目的」のために活用する新自由主義企業／資本主義市場について論じているので（「生政治批判」、佐藤嘉幸・立木康介編『ミシェル・フーコー「コレージュ・ド・フランス講義」を読む』所収、水声社）、関心がおありの読者はご参照いただきたい）。それにつけても、一時はマスメディアでもけっこう頻繁に使われていた「グローバリゼーション」や「新自由主義」という言葉が近年すっかり影をひそめているのはなぜだろうか。そうしたメディアの動向にも批判的意識をはたらかせなければならない。

また、エーコの文章を読みながら、私は本書でマウリツィオが言及している「アルジェリア革命」におけるフランツ・ファノンの「革命の武器としてのラジオ論」に思いをはせた。ファノンの分析の素晴らしさもさることながら、マウリツィオの紹介の仕方も秀逸である。フランス支配下の植民地状況において、ラジオという権力のプロパガンダメディアがどのようにして「革命派」のメディア的武器に反転していくかが生き生きと描かれている。ひるがえって現在のメディア状況はどうか。ラジオもさることながら（ガタリやビフォの「自由ラジオ」の実験もあえなく潰え去った）、テレビはもともと人々がこちら側から介入できるメディアではない。したがって一方通行の洗脳装置になりやすい（この点については、杉村昌昭他編『既成概念をぶち壊せ』（晃洋書房）の「テレビ」の項目を参照）。今回の「コロナ騒動」報道で、テレビが権力の大衆動員装置であることが以前にもまして明白になったと言えるだろう。これまでテレビや大新聞の報道を批判してきた（日本にとどまらず世界の）ジャーナリストや知識人も、新型コロナ報道に関してはマスメディアに翻弄されている感がある。そのため、「異論」は黙殺されるか潜行するしかなく、エーコのファシズム論を応用して言うなら、世界全体があたかも「近代社会」のなかに「原ファシズム」が出現したかのような様相を呈していると言っても過言ではあるまい。

エーコいわく。

（5）意見の対立はさらに、異質性のしるしでもあります。原ファシズムは、ひとが生まれつきもつ〈差異の恐怖〉を巧みに利用し増幅することによって、合意をもとめ拡充するのです。ファシズム運動もしくはその前段階的運動が最初に掲げるスローガンは、「余所者排斥」です。ですから原ファシズムは、明確に人種差別主義なのです。

これを読みながら、本書でマウリツィオが新自由主義資本主義の二本の柱として、とくにレイシズムとセクシズムを挙げて分析していることを想起する。西欧思想（批判的思想も含めて）は概して植民地主義の機能に対して鈍感であった。とくにそれが資本主義の歴史のなかで果たしてきた決定的役割を過小評価し続けてきた。マウリツィオは遅ればせながら（というのはエリック・ウィリアムズの先駆的研究（『資本主義と奴隷制』山本伸監訳、明石書店）などがあるから）そのことに気づき、自分の資本主義分析のなかに取り込んだのである。本書でも前著『戦争と資本』から引き続いて、いまなお植民主義の暴力が巧妙に形を変えて持続していることを強調している（レイシズムの根深さ）。エーコの言う「差異の恐怖」の起源も植民地主義とレイシズムにあると言っていいだろう。

ともあれ、このエーコからの二つの引用を参照するなら、現在の新自由主義資本主義がファシズムと密接な関係にあることがよりよく理解されるだろう。したがって、とくに「コロナ騒動」に伴って世界規模の管理統制がすすみ、「世界ファシズム体制」とも言える新展開をみせている新自由主義資本主義を脱臼させるには、「革命」しかないということになる。

ここで、マウリツィオの「革命的」挑発にのって、「革命の戦争機械」の可能性について私見をいくらか披歴してみたい。

「革命」を主題にするとき、すぐに革命の「主体」の問題が問われることになる。マウリツィオが私淑するフェリックス・ガタリは独自の「主体性論」を展開したことで知られる。ガタリは、社会の動向（したがって「革命の展望」）を決定するのは、すでに社会に馴致・適合した個人の「主体性」ではなく、個人が個人として形成される以前に存在する、いわば個人の「インフラ」としての「無意識的主体性」と、個人を超えた「集合的無意識」としての「社会的主体性」であると言う。だとすると、意識的個人は「革命」にどうかかわることができるのだろうかという疑問が生じる。意識は無意識にどうやって接近できるのだろうかという逆説的な問いと言い換えてもいい。ガタリは他方で「生まれつつある新しい自己」（「自己産出」）が社会的風景を変えるとも言う。すなわち「自己創造的意識状態」が「無意識」への到達を可能にするということだ。それは「無意識」が覚醒するということでもあるだろう（私が若い頃遭遇した「パリの六八年五月革命」はそういう運動だったのかもしれない。だからこそガタリは「五月革命」や六八年の世界的反乱から着想したアイデアに終生執着し続けたのである）。ともあれ、革命の「戦争機械」と革命の「主体」との関係の問題を考えるとき、「無意識的主体性」と「意識的活動」との微妙な関係の機微をどう把握するかが重要な鍵を握っていることは確かだろう。

「コロナ騒動」をきっかけに新たな局面に入った新自由主義はすでに資本の「戦争機械」を再構成し始めている。その新たな形姿の新自由主義を、私は「コロナ騒動はグローバル内戦を隠蔽する」(『福音と世界』二〇二〇年八月号、新教出版社)という評論のなかで、「新型ファッショ資本主義」と名付けた。そう名付けたゆえんの詳細はこの評論を参照していただくとして、要するに新自由主義は「コロナ騒動」に乗じて(ナオミ・クラインの言う「惨事便乗型資本主義」を想起させる)人々の不安と恐怖を梃子《てこ》として、「テロルの政治」(「ワクチンをめぐる政治」もその一環と言えるが、その機能様態についてはさらに詳細な検討を要するのでこれも他日を期したい)をその「戦争機械」の基軸に据えたということである(これは「資本主義とは、資本が民衆に対して永久戦争を仕掛ける体制運動である」という『戦争と資本』における規定を想起させる)。

スラヴォイ・ジジェクの『パンデミック——世界をゆるがした新型コロナウイルス』(Pヴァイン)の「解説」で「コロナ禍は新自由主義を過去の遺物にした」などと能天気なことをのたまう「マルクス学者」の書いた「資本論」が「進歩的インテリ層」のあいだでベストセラーになっているようだが、この言明は私には絶望的楽観論かブラックジョークとしか思えない。仮に新自由主義が資本主義の一サイクルにすぎないとしても、昨今の新自由主義と資本主義の融合状態を考えるとこの言明は「資本主義は終わった」と言っているのに等しく、政治的願望と社会的現実を混同した迷言としか言いようがない(願望そのものは私も共有するが)。資本(とくに金融資本)がますます肥大化する一方、新自由主義資本主義は人々の身体的拘束を強化し（「コロナ騒動」にかこつけた統治の下に置かれた人々の生活形態を見よ！）、「弱肉強食」―「格差社会」―「自己責任」という「三位一体」を「社会的自然」として受け入れる人々の精神汚染（これは新自由主義の特産物のひとつだ！）の拡大深化によって社会全体の資本への隷属化がいっそう亢進しているのが現在の世界の社会的風景である。新自由主義資本主義はいまピークに達しつつあり、「ピークアウト」を恐れて新たな「戦争機械」を構築するためにさまざまな手を打ち始めている。そうした動向に批判的意識をはたらかせないかぎり、革命の「戦争機械」の構築などおぼつかないだろう。

ガタリの「主体性論」に戻るとして、社会的決定力としての「集合的無意識」と「個人のインフラ的無意識」にアプローチするには、「社会的違和感」の深い影を宿している（はずの）人々の「潜在意識」を呼び覚ます「意識的活動」を創造するという逆説的方法によるしかないのだが、はたしてそのような個的・集合的な性格を備えた「戦争機械」をどうやって構築するのか、誰にもよくはわからない。ガタリ自身は、人類史的観点から、自然（環境）のエコロジー、社会（環境）のエコロジー、精神（環境）のエコロジー（「三つのエコロジー」）の節合という「エコゾフィーの哲学」によって新自由主義資本主義を乗り越えるしかないことを提起して終わった。

マウリツィオも本書で明確な指針を打ち出しているわけではないが、新自由主義資本主義の

「戦争機械」の「根源的暴力性」を明確に認識し、それに対して「身体性」を伴った「抵抗」を続けるしかないことを示唆している。「革命」に執着するマウリツィオは本書を書き終えたあと、これまでの歴史的諸革命を総点検した〈Do you remember revolution〉という英語の表題(本文はフランス語)の生原稿を送ってきたが、これもいずれ書物として刊行されることになるだろう。この元イタリアアウトノミアの活動家の「革命理論家」としての「自己革新」には感心するとともに感慨をもよおす(マウリツィオは自分の活動家としての原点に依拠しながら時代の変化の深部に密着して思考したのだ!)。

今回も『ミクロ政治学』に続いて高橋浩貴さんの丁寧な編集作業のお世話になった。記して謝意を表したい。

最後にガタリの名言を引用して締め括りにしよう。

「革命は予見できないが参加できる」――『ミクロ政治学』より。

二〇二一年九月　　杉村昌昭

《叢書・ウニベルシタス　1135》
資本はすべての人間を嫌悪する
ファシズムか革命か

2021年11月10日　初版第１刷発行

マウリツィオ・ラッツァラート
杉村昌昭 訳
発行所　一般財団法人　法政大学出版局
〒102-0071 東京都千代田区富士見2-17-1
電話 03(5214)5540　振替 00160-6-95814
組版：HUP　印刷：日経印刷　製本：積信堂

Printed in Japan
ISBN978-4-588-01135-1

著　者

マウリツィオ・ラッツァラート（Maurizio Lazzarato）
1955年、イタリア生まれの社会学者、哲学者。現在、パリで非物質的労働、労働者の分裂、社会運動などについての研究を行なう。アントニオ・ネグリらの雑誌『マルチチュード』の創刊より編集委員を務め、アンテルミッタン（非常勤芸能従事者）やプレカリアート（不安定生活者）らの社会運動にも携わっている。日本語訳に『出来事のポリティクス――知－政治と新たな協働』（村澤真保呂・中倉智徳訳、洛北出版、2008年）、『〈借金人間〉製造工場――“負債”の政治経済学』（杉村昌昭訳、作品社、2012年）、『記号と機械――反資本主義新論』（杉村昌昭・松田正貴訳、共和国、2015年）、『戦争と資本――統合された世界資本主義とグローバルな内戦』（エリック・アリエズとの共著、杉村昌昭・信友建志訳、作品社、2019年）などがある。

訳　者

杉村昌昭（すぎむら・まさあき）
1945年生まれ。龍谷大学名誉教授。フランス文学・現代思想専攻。著書に『資本主義と横断性』（インパクト出版会）、『分裂共生論』（人文書院）、訳書にF. ガタリ『分子革命』『精神と記号』（以上、法政大学出版局）、『三つのエコロジー』（平凡社ライブラリー）、『闘走機械』（松籟社）、『カフカの夢分析』『精神病院と社会のはざまで』（以上、水声社）、『人はなぜ記号に従属するのか』『エコゾフィーとは何か』（以上、青土社）、F. ガタリ／G. ドゥルーズ『政治と精神分析』（法政大学出版局）、F. ガタリ／A. ネグリ『自由の新たな空間』（世界書院）、F. ガタリ／S. ロルニク『ミクロ政治学』（共訳、法政大学出版局）、F. ドス『ドゥルーズとガタリ』（河出書房新社）、E. アザン『パリ大全』（以文社）、G. ジェノスコ『フェリックス・ガタリ』（共訳、法政大学出版局）、M. ラッツァラート『記号と機械』（共訳、共和国）、『〈借金人間〉製造工場』（作品社）、E. アリエズ／M. ラッツァラート『戦争と資本』（共訳、作品社）などがある。